活页式·校企合作·高职汽车专业群规划教材

汽车营销礼仪

主　编　商香华　陈春梅　闫春丽
副主编　张　雪　袁秀珍　胡玉冰
孙秋云

山东大学出版社
SHANDONG UNIVERSITY PRESS
·济南·

图书在版编目(CIP)数据

汽车营销礼仪 / 商香华，陈春梅，闫春丽主编. —
济南 ：山东大学出版社，2021.7 (2022.8 重印)
活页式·校企合作·高职汽车专业群规划教材/王
建良主编
ISBN 978-7-5607-7040-6

Ⅰ. ①汽… Ⅱ. ①商… ②陈… ③闫… Ⅲ. ①汽车－市场营销学－礼仪－高等职业教育－教材 Ⅳ. ①F766

中国版本图书馆 CIP 数据核字(2021)第 122946 号

策划编辑 刘 彤
责任编辑 刘 彤
封面设计 牛 钧

出版发行 山东大学出版社
社 址 山东省济南市山大南路 20 号
邮政编码 250100
发行热线 (0531)88363008
经 销 新华书店
印 刷 济南乾丰云印刷科技有限公司
规 格 787 毫米×1092 毫米 1/16
9.25 印张 214 千字
版 次 2021 年 7 月第 1 版
印 次 2022 年 8 月第 2 次印刷
定 价 45.00 元

《活页式·校企合作·高职汽车专业群规划教材》
丛书编委会

总　序

《国家职业教育改革实施方案》(国发〔2019〕4号)指出,要深化"三教"改革,建设一批校企"双元"合作开发的国家规划教材,倡导使用新型活页式、工作手册式教材,并配套开发信息化资源。同时,要求专业教材随着信息技术的发展和产业升级情况及时动态更新。为落实《国家职业教育改革实施方案》,推进国家教学标准落地实施,提升职业教育质量,提高人才培养的针对性,教育部出台了《教育部关于职业院校专业人才培养方案制订与实施工作的指导意见》(教职成〔2019〕13号)和《职业院校教材管理办法》(教材〔2019〕3号),对教材和资源建设提出了具体要求。为全面落实国家和教育部有关文件精神,"活页式·校企合作·高职汽车专业群规划教材"丛书编委会牵头组织编写了本套教材。教材的编写秉承以下原则:

1.突出素质教育,培养职业道德

本套教材在编写上秉承"三全育人"的理念,坚持立德树人、德技并修,强调"文化育人",注重实现素质教育、职业素养与汽车相关专业岗位技术技能培养的有机统一。结合汽车行业和企业的典型文化案例和思政元素,强化学生的职业素养养成,将专业精神、职业精神和工匠精神融入人才培养全过程。

2.突出职业特征,强化技术技能

本套教材在编写上坚持突出类型特征,强化了产教融合、校企合作的全流程设计,集合了产业发展新趋势,融入了新技术、新设备、新工艺、新规范,旨在培养适应行业技术变革要求的技能型人才,提高人才培养的适应性。课程、教材、教学一体化设计有利于建设符合项目式、模块化教学需要的教学创新团队,普及项目教学、案例教学、情景教学、模块化教学等教学方式,广泛运用启发式、探究式、讨论式、参与式等教学方法,推动课堂教学革命。

3.突出体系设计,服务教学改革

丛书编委会联合行业、企业、学校和山东大学出版社,聘请各方面的有关专家予以指导,坚持面向实践、强化能力,围绕汽车技术服务专业集群,系统化地提出了教材体系建设的思路并进行优化设计,适应全面推进"双高计划"、现代学徒制改革试点和"1+X"证书制度试点的工作需要,力求建设反映"三教"改革新形态,突出职业教育特色,对接"双高"水准,对标国内一流的教材和教学资源。

培养更多高素质的技术技能人才,是我们的责任和义务。当前,职业教育战线正在全面落实习近平总书记关于职业教育的重要指示和全国教育大会精神。出版本套教材也是为了“抛砖引玉”，以便更好地服务我国汽车产业转型升级和职业教育体系建设，推进我国汽车职业教育的更快更好发展。

本丛书编委会

前 言

孔子曰:“不学礼,无以立。”中国有礼仪之邦的美称,讲礼仪是中华民族的优良传统。随着社会的快速发展,人们的社会交往日益频繁,礼仪作为联系、沟通、交往的桥梁,显得尤为重要。为了提高自身的综合竞争力和社会认可度,各行各业越来越重视企业自身文化建设和企业形象的塑造。近年来,汽车企业之间竞争激烈,各品牌汽车的营销及售后服务越来越重视,礼仪在汽车行业的应用也越来越广泛,与汽车营销相关岗位相对应的汽车营销礼仪应运而生。对汽车营销人员来说,礼仪不但是社交场合的一种“通行证”,还是体现其个人修养和业务素质的一种标志。

本书立足于高等职业教育特点及汽车销售企业对营销人才的需求,结合汽车销售企业职业礼仪规范,以汽车营销相关岗位的职业素养为基础,以汽车营销人员在日常工作中的职业形象标准和职业行为为规范。本书既可作为高职高专汽车技术服务与营销、汽车运用技术、汽车电子技术、汽车智能技术、新能源汽车运用技术等专业的平台课教学用书,也可作为从事营销尤其是汽车营销相关工作人员的参考用书。本书的编写主要有以下特点:

1.职业岗位凸显,针对性强

本书针对汽车营销相关岗位工作对礼仪的要求,对传统汽车商务礼仪进行了提炼整合,将礼仪知识融入汽车营销相关岗位,更加注重礼仪知识的应用,针对性强。

2.融入思政元素,内容全面

本书以汽车营销人员日常工作为主线,从上班前的形象准备——汽车营销形象礼仪入手,介绍了汽车营销形象礼仪展示、汽车营销客户接待礼仪、汽车营销环车介绍礼仪、汽车营销洽谈礼仪等七个项目,在每个项目中合理融入思政元素,内容全面,结构完整,满足了汽车营销相关岗位对礼仪的需求。

3.新型教材,资源丰富

本书在编写过程中配套开发了相应的视频二维码资源和网络学习资源,更立体化展示了教材内容,方便学生泛在式学习。

本书由山东交通职业学院商香华、陈春梅、烟台汽车工程职业学院闫春丽担任主编,山东交通职业学院张雪、德州职业技术学院袁秀珍、山东理工职业学院胡玉冰、山东交通职业学院孙秋云担任副主编。其中，商香华编写了项目一、项目四的任务二；陈春梅编写了项目二；闫春丽编写了项目五；张雪编写了项目三；袁秀珍编写了项目六；胡玉冰编写了项目七、孙秋云编写了项目四的任务一，商香华、陈春梅负责全书的通稿工作，王建良负责全书的主审工作。

特别感谢在本书编写过程中给予指导的广潍集团一汽大众市场总监杜辉凌女士和金牌讲师申雯雯女士。另外，本书在编写过程中借鉴和参阅了大量相关教材、著作、网站及企业相关的培训资料，吸取了许多有益内容，在此对相关作者表示敬意和感谢。

由于编者水平有限，书中难免有疏漏和不当之处，敬请同行专家和广大读者批评指正。

编　者

目 录

项目一

汽车营销形象礼仪展示

形象礼仪是汽车营销人员必备的素质和基本条件，标准的营销服务礼仪可以带给顾客良好的心理感受，而得体的个人形象会给初次见面的人留下良好的第一印象。形象沟通的“55387”定律中，决定一个人第一印象的55%在于外表、穿着、打扮，38%在于肢体语言与语气，谈话内容只占到7%。汽车营销人员要想在激烈的营销环境和社会竞争中立于不败之地，首先要做的就是树立良好的职业形象，规范日常的形象礼仪。那么，作为汽车营销人员，上班之前应如何装扮自己的个人形象呢？

★学习目标

素质目标

通过对汽车营销形象礼仪知识的学习和实践，提高对自身形象的认识，从注重自身形象层面学会尊重他人，进而获得他人的尊重、倡导文明新风。

知识目标

掌握汽车营销相关岗位的仪容、仪表服饰礼仪规范。

能力目标

能在汽车营销相关岗位中合理地展现自身的仪容、仪表服饰礼仪，展现自信，塑造良好的个人形象。

★学习任务

任务一　汽车营销仪容礼仪

【任务情境】

来自同一所学校的小辛和小薇已经在某汽车品牌4S店销售顾问岗位实习半年，小薇提前转正成了销售顾问，而小辛却因为工作业绩始终没有起色，还是销售见习生。一天中午，小辛如往常一样热情接待了一对夫妇："欢迎光临！请问有什么可以帮助您的？"夫妇俩上下打量了小辛几眼，略微皱了一下眉头，说了一声："哦，随便看看，谢谢！"随后逛了一下，转身离开了展厅。

正当小辛不知所措的时候，小薇微笑着走了过来："小辛，我带了化妆品，我重新帮你化个淡妆，把大耳环摘了，指甲油洗了。"听了小薇的一席话，她这才注意到自己的形象：面部妆容粗糙，口红和指甲油鲜亮耀眼，夸张的圆形大耳环不停地前后摇摆着，小辛一下子脸红了，连忙和小薇跑向化妆间。

请思考：

1. 小辛、小薇在同一家汽车4S店实习，都从事的是销售顾问工作，但是为什么半年后两人的职位却大不一样？

2. 小辛要如何做才能获得客户的青睐和尊重呢？请结合案例进行分析。

【相关知识】

尊重是礼仪的灵魂和基础，我国无论哪个民族、哪个地区，其礼仪形式都体现着"尊重"的精神，如尊老敬贤、仪尚适宜、礼貌待人、仪容有整等。当今，对这些传统礼仪加以改造和传承，对于修养良好的个人素质、协调和谐的人际关系、塑造文明的社会风气，具有重要的作用。本项目中的仪容、仪表服饰礼仪就是要求对传统的"仪容有整"进行传承和应用。在现代社会交往中，对对方的尊重应首先体现在自己的仪容、仪表这些外在形象上。

一、汽车营销仪容礼仪的基本要求

(一)干净整洁

汽车营销仪容的首要要求是干净、卫生、整洁。保持卫生整洁是仪容的基本要求。

1. 对个人卫生严格要求，勤洗手，早晚刷牙。

2. 坚持洗澡，勤剪指甲。

3. 经常进行面部清洁。

4. 经常清洁耳、鼻、眼角和嘴角部位。

5. 男士定时剃须修面，修剪鼻毛、耳毛。

（二）简约得体

汽车营销仪容要做到简洁、明快、朴素、实用，一切以简朴自然为出发点，其标准是男性整洁卫生，女性则以淡妆为宜。

从发型的角度来看，男性不留长发、不梳小辫子、不剃光头；女性一般不提倡留披肩发，不梳新奇怪异的发型。

二、汽车营销基本的仪容礼仪

（一）发式之美

头发是人脸面中的脸面，所以应经常洗护自己的头发。对于头发修饰，汽车营销人员应主要从以下三个方面去做。

1. 净发

（1）平时应对自己的头发勤于梳洗。勤于梳洗头发，既有助于保养头发，又有助于消除异味。

（2）如果不勤于对自己的头发梳洗打理，会极大影响个人形象，给客户留下蓬头垢面的不好印象。

2. 理发

（1）理发可使人看上去清洁整齐，对个人有美化外形、美容之功用。

（2）在汽车营销相关岗位中，女士头发不宜过肩，必要时可以盘发或者束发，如图1-1、1-2 所示。

图 1-1　女士发型

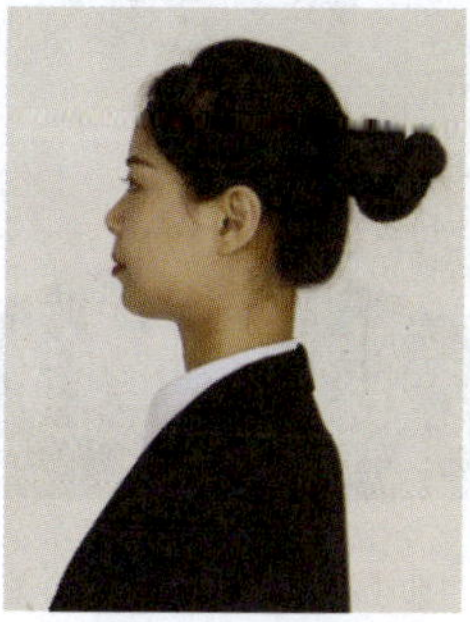

图 1-2　女士发型

男士不宜留鬓角、发帘。男士头发的规范要求为：前发不覆额，侧发不掩耳，后发不及领，鬓角不长于耳朵中部，发长不长于 7 厘米，如图 1-3、1-4 所示。

图 1-3 男士发型

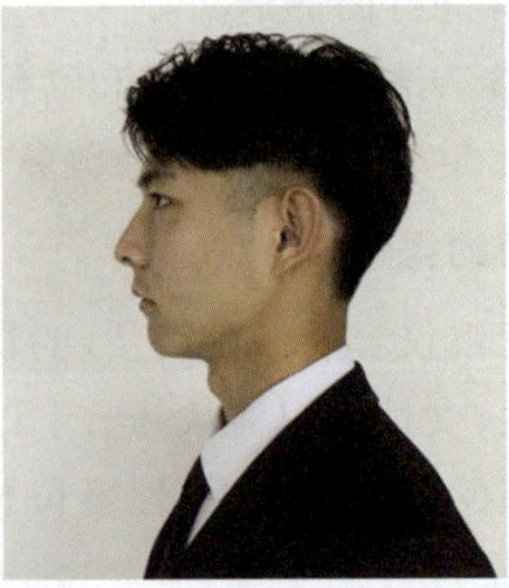

图 1-4 男士发型

3. 美发

美发不宜雕琢过重，或是不合时宜，应该美观大方，自然得体。美发的方法通常有烫发、染发、做发和假发四种。

随堂练习

根据发式之美的学习内容，以小组为单位讨论汽车营销岗位人员应具有的发型要求，评选出本组最适合汽车营销岗位发型的同学，然后上台展示，其他组同学对该同学的发型展示说说自己的看法。

(二)面容之美

女士、男士面容之美如图 1-5、图 1-6 所示。修饰面容，首先要洗脸，保持脸面干净清爽，无不洁之物。

图 1-5 女士面容之美

图 1-6 男士面容之美

1. 眼睛

眼部分泌物要及时清除，若眼睛患有传染病，应避免社交活动。

2. 耳朵

在清洁过程中，也应注意清洗耳朵。

3. 鼻子

平时应注意保持鼻腔清洁，不要在他人面前挖鼻孔。

4. 嘴巴

应保持口气清新，饭后漱口，注意牙齿上不要留有食物残渣；会客前应用爽口液或口香糖清除异味，但要注意会客时不要嚼口香糖等。

(三)妆容之美

1. 化妆的原则

(1)美化

在化妆时，要注意适度矫正、修饰得法。

(2)自然

在化妆时，要使人看起来自然、健康。

(3)协调

在化妆时，要注意色系搭配，使妆面与身体、场合、身份等协调。

2. 化妆应注意的事项

(1)修饰要避人。

(2)不要将妆化得过浓、过重。

(3)若妆面出现残缺，应及时避人补妆。

3. 女士化妆步骤

化妆是礼仪的需要，掌握一些基本的化妆术，可以提高女性魅力，为生活和工作增添光彩。

(1)彻底清洁脸部。

(2)上化妆水，能够起到洁肤、润肤、紧肤和调理肌肤的作用。

(3)擦润肤霜，能够滋润皮肤，锁住水分。

(4)拭擦粉底时要擦拭均匀，因为脸上的 T 型部位(额头至鼻尖的区域)常常分泌油脂，容易脱妆。

(5)扑脸粉，用以定妆，防止妆容脱落，并可抑制过度的油光。应根据自身的肤色选择香粉。皮肤白皙者可选择浅色粉饼；皮肤较黑者可选择麦色粉饼。

(6)上腮红，使脸部显得健康而有血色。

(7)眼部化妆。眼部化妆包括画眼线和涂眼影两部分。

眼线的基本画法是：沿眼睛轮廓，上眼线全画实，下眼线则从大眼睑离眼端三分之一处画至眼尾，而不能把眼睛的四周涂成黑黑的一圈。

根据情况，可以在眼部涂上眼影：用眼影棒或粉刷取适合的眼影，轻轻沿 45°方向涂在上眼皮上并向眼尾处抹匀，并可在眼头或眼尾处加以强调，以达到不同的效果。画完眼线和眼影，再涂上睫毛膏，使睫毛显得长密，眼睛明亮有神。

(8)画眉毛。方法是从眉腰处开始，顺着眉毛的生长方向，描画至眉峰处，形成上扬的弧线；然后从眉峰处开始，顺着眉毛的生长方向，向斜下方画至眉梢，形成下降的弧线；再由眉腰向眉头处进行描画；最后用眉刷刷眉，使其柔和，与各部位衔接。

(9)勾画鼻侧影。亚洲人五官轮廓不明显，鼻子不挺拔，可以用鼻影打在鼻子两侧，使五官轮廓更立体。

(10)勾勒唇部。最好是用唇笔勾画好轮廓，用同一支唇笔在轮廓内填上颜色，然后用唇笔扫蘸唇膏再涂一层，这样会令唇形看起来更加丰满。嘴唇不能涂得鲜红，只要显得精神即可，服务人员在工作场合一般不使用唇彩、唇蜜等，以示庄重。

视频 1-1　化妆步骤

知识拓展

脸型与化妆

脸部化妆需要利用各种技术，通过使用化妆品和一定的艺术处理，达到美化形象的目的。不同的脸型要采用不同的化妆技巧。

1. 椭圆脸化妆

椭圆脸可谓公认的理想脸型，化妆时宜注意保持其自然形状，突出其可爱之处，不必通过化妆去改变脸型。

2. 长脸型化妆

长脸型的人应增加面部的宽度。胭脂应注意离鼻子稍远一些，在视觉上拉宽面部。涂抹胭脂时可沿颧骨的最高处与太阳穴下方所构成的曲线部位向外、向上抹开；若双颊下陷或者额部窄小，应在双颊和额部涂以浅色调的粉底，形成光影，使之变得丰满一些；眉毛应令其呈弧形，切不可有棱有角，眉毛的位置不宜太高，眉毛尾部切忌高翘。

3. 圆脸型化妆

圆脸型给人可爱、玲珑之感。可用唇膏将上嘴唇涂成浅浅的弓形；选用暗色调粉底在两颊形成阴影，使脸显得清瘦。眉毛修成自然的弧形，可作少许弯曲，不可太平直或有棱角，也不可过于弯曲。

4. 方脸型化妆

方脸型的特点为双颊骨突出，在化妆时，要设法加以掩蔽，增加柔和感。胭脂宜涂抹得与眼部平行，切忌涂在颧骨最突出处；可用暗色调粉底在颧骨最宽处形成阴影，令其方正感减弱，唇膏涂丰满；眉毛应修得稍宽一些，眉形可稍带弯曲，不宜有棱角。

(四)修饰手臂

手臂是肢体中使用最多、动作最多的部位，汽车营销人员需要经常使用手势辅助表达，手部不可避免地会经常暴露在外，引起客户的注意，所以要注意自己手臂的“形象”。修饰手臂分为三个方面。

1. 手掌

(1)手掌保持干净卫生。作为汽车营销人员，经常需要触摸车辆，为防止划伤车辆，需定期修剪手指甲，指甲的长度以不超过手指指尖为宜，如图 1-7 所示。

图 1-7　指甲

(2)女士不要涂抹颜色过于鲜艳的指甲油。

2. 肩臂

在汽车营销工作场合不宜穿着无袖装，在非常正式的政务、商务、学术、外交等场合不宜穿着半袖装和无袖装。

3. 汗毛及腋下

(1)穿短袖衣服时，手臂会裸露在外面，应注意清理汗毛。手臂上汗毛生长得过浓、过重或过长时，应采用适当的方法进行脱毛。

(2)在正式场合一定不要穿让腋毛外露的服装。

任务二　汽车营销仪表服饰礼仪

【任务情境】

某4S店汽车销售顾问小王在第一次参加店内新车发售仪式时遇到了着装带给他的窘境，那次窘境让他认识到着装不能忽视场合。

新车发售当天早上，小王因为此前一天恰好把店里发的白衬衣洗了，就穿了一件浅蓝色衬衣去了单位。到单位后，他发现领导、同事都统一穿着白色衬衣，相形之下自己显得格格不入，便产生了一种被环境隔离开来的不自在感。自此之后，小王就非常注意在不同时间、不同场合、不同环境的服饰穿着和饰物的搭配，让自己的职业形象更加完美。

请思考：

1. 为什么汽车服务企业都要求各级员工必须统一着装？作为一名汽车营销人员，注重仪表服饰有何意义？

2. 你对仪表着装的时间、地点、场合有怎样的想法？

【相关知识】

一、仪表服饰礼仪的内涵

仪表是人的外表形象，涉及人的容貌、姿态、体形、服饰、风度等，是一个人教养、性格内涵的外在体现。容貌是一个人仪表的基础，服饰是对仪表的发展、创造和补充，姿态是一个人仪表的动态表现。一个人的仪表与其生活情调、思想修养、道德品质和文明程度密切相关。

服饰作为仪表的创造和外延，由服装本体及其延伸饰物构成。人们可以利用服饰来装饰、塑造自己，突出自己的“美点”，掩饰自己的不足，以达到比自身原有条件更加完美的效果。事实证明，穿着得体不仅可以显示一个人良好的品位、职业素养、审美情趣以及生活态度，还能给人留下良好的印象，赢得他人的信赖。本任务就是着重探讨汽车营销人员的服饰礼仪。作为一名汽车营销人员，要直接和形形色色的客户打交道，第一印象的重要性是毋庸置疑的，在与你接触的前两分钟，你的客户已经通过观察决定是否留下来听你把商品介绍完。所以，对于汽车营销人员来讲，穿着打扮不仅代表个人形象，还代表企业形象和产品形象，对待着装，一定不要随心所欲，必须遵守规范，熟知原则。

二、着装的 TOP 原则

TOP 是三个英语单词 Time（时间）、Occasion（场合）、Place（地点）的缩写，即着装应该与当时的时间、所处的场合和地点相协调。

（一）时间原则

不同时段的着装规则对女士尤其重要。男士有一套质地上乘的深色西装或中山装足以包打天下，而女士的着装则要随时间而变换。白天工作时，女士应穿着正式套装，以体现专业性；晚上出席鸡尾酒会就须多加一些修饰，如换一双高跟鞋，戴上有光泽的佩饰，围一条漂亮的丝巾。服装的选择还要适合季节气候特点，保持与潮流大势同步。

（二）场合原则

汽车营销人员衣着要与场合协调。与顾客会谈、参加正式会议等，衣着应庄重考究；参加新车发布仪式、公司集体活动等，着装应整齐划一（任务情境中的小王就是违背了着装的场合原则，将自己置于尴尬境地）；听音乐会或参加舞会，则应按惯例着正装；出席正式宴会时，则应穿中国的传统旗袍或西方的长裙晚礼服；而在朋友聚会、郊游等场合，着装应轻便舒适。试想一下，如果大家都穿便装，你却穿礼服就欠轻松；同样，如果以便装出席正式宴会，不但是对宴会主人不尊重，还会令自己觉得尴尬。

（三）地点原则

在自己家里接待客人，可以穿舒适但整洁的休闲服；汽车营销人员去拜访客户，穿职业套装方会显得专业；外出时要顾及当地的传统和风俗习惯，如去严肃的场所，就不能穿着过露或过短。

知识拓展

服饰的色彩哲学

色彩对人的视觉刺激最敏感、最快速，会给他人留下很深的印象。汽车营销人员要想自己的服装搭配更加专业和出彩，还要了解一些服饰的色彩哲学，明确服装与服装、服装与饰物、饰物与饰物之间的色彩应色调和谐、层次分明。服饰色彩在统一的基础上应寻求变化，肤与服、服与饰、饰与饰之间在变化的基础上应寻求平衡。

一般认为，衣服里料的颜色与表料的颜色、衣服中某一色与饰物的颜色均可进行呼应式搭配。

（一）服装色彩搭配可供参考的三种方法

1. 同色搭配

由色彩相近或相同，明度有层次变化的色彩相互搭配，可给人一种统一和谐的感觉。宜上淡下深、上明下暗，整体有稳重踏实之感。

2. 相似色搭配

色彩学把色环上大约九十度以内的邻近色称为相似色，如蓝与绿、红与橙。搭配时，两个色的明度、纯度要错开。

3. 主色搭配

选一种起主导作用的基调和主色，相配于各种颜色，造成一种互相陪衬、相映成趣之效。应首先确定整体服饰的基调，其次选择与基调一致的主色，最后选出多种辅色。

（二）色彩选择应考虑的因素

1. 服色与年龄

年轻人的穿着可鲜艳、活泼和随意；中老年人的着装则要庄重、雅致、含蓄，体现其成熟和端庄。

2. 服色与体形

对于高大的人而言，服色以深色、单色为好，太亮太淡太花的色彩都给人一种扩张感，使着装者显得更高更大；对于较矮的人而言，服色宜稍淡、明快柔和为好，上下色彩一致可以给人修长感；对于较胖的人而言，服色应以冷色调为好，过于强烈的色调会使人显胖；对于偏瘦的人而言，服色以明亮柔和为好，太深太暗的色彩反而使人显得瘦弱。

3. 服色与肤色

肤色发黄或略黑、皮肤粗糙的人，最适宜选用的是与肤色对比不强的粉色系、蓝绿色，最忌色泽明亮的黄、橙、蓝、紫或色调极暗的褐色、黑紫、黑色等；肤色略带灰黄，则不宜选用米黄色、土黄色、灰色的服色，否则会显得精神不振和无精打采；肤色发红，则应配用稍冷或浅色的服色，但不宜选用浅绿色和蓝绿色，因为这种强烈的色彩对比会使肤色显得发紫。

4. 服色与性格

性格内向的人，一般选择较为沉着的颜色，如青、灰、蓝、黑等；性格外向的人，一般以暖色或色彩纯度高的服色为佳，如红、橙、黄、玫瑰红等。

5. 服色与职业

如法官的服色一般为黑色，以显示庄重、威严；汽车营销人员的服色一般选用深色，这会给客户一种可靠、信任的感觉。

三、男士西服着装礼仪

(一)西装的选择

一般来讲,从事汽车营销工作的男士以西装作为职业装,这样既显得成熟、稳重,又可以给客户一种规范、值得信赖的感觉。西装的主要特点是外观挺括、线条流畅、穿着舒适。若配上领带或领结,则更显得高雅典朴、魅力十足。男士选择西装,可以分为几种情形。

1. 按穿着场合分类

西装分为礼服和便服。其中礼服分为常礼服(又称晨礼服,日常穿)、小礼服(又称晚礼服,晚间穿)、燕尾服。礼服要求布料必须是毛料、纯黑色,下身需配黑皮鞋、黑袜子、白衬衣、黑领结。便服分为便装和正装。人们一般穿的都是正装,正装多是深颜色、毛料(含毛在70%以上),上下身必须是同色、同料并做工良好。汽车营销商务男士的职业装即这里所说的正装。

2. 按西装件数分类

西装分单件西装、二件套西装、三件套西装。男士在正式的商务交往中所穿的西装,必须是西服套装,在参与高层次的商务活动时,以穿三件套西服套装为佳。休闲西装仅适用于非正式场合。汽车营销商务男士的职业装一般是二件套西装,如图1-8所示。

图1-8　两件套西装

3. 按西装上衣的纽扣排列分类

西装分单排扣西装上衣与双排扣西装上衣。单排扣西装上衣,最常见的有一粒纽扣、两粒纽扣、三粒纽扣三种。一粒纽扣、三粒纽扣单排扣西装上衣穿起来较时髦,而两粒纽扣的单排扣西装上衣更为正规。汽车营销商务男士常穿的单排扣西服款式为两粒扣、平驳领、高驳头、圆角下摆款为主。

双排扣西装上衣,最常见的有两粒纽扣、四粒纽扣、六粒纽扣三种。两粒纽扣、六粒纽扣的双排扣西装上衣属于流行的款式,而四粒纽扣的双排扣西装上衣则明显具有传统风格。汽车营销商务男士常穿的双排扣西装是六粒扣、枪驳领、方角下摆款。

(二)西装的搭配

根据以上对西装选择的介绍可以看出,商务人士由于出席的场合不同,搭配的西装也不同,这里主要介绍适合汽车营销相关岗位男士的二件套西装的搭配。

1. 衬衫

正装衬衫主要以高支精纺的纯棉、纯毛制品为主,颜色必须为单一色彩,白色为最佳,穿西装时,衬衫袖应比西装袖长出 1~2 厘米,衬衫袖口一定要扣上,如图 1-9 所示。领型多为方领、短领和长领,要根据本人的脸型、脖长、领带结的大小来选择,衬衫领应高出西装领 1 厘米左右,如图 1-10 所示。衬衫下摆必须扎进裤内。若不系领带,衬衫的领口应敞开。

图 1-9　衬衫袖口

图 1-10　衬衫领口

2. 扣子与口袋

(1)西装的扣子

单排扣的一粒扣西装日常扣与不扣都可以,但在正式场合应当扣上;两粒扣西装应扣上上面的一粒扣,底下的一粒扣不用扣;三粒扣西装只扣中间一粒扣。双排扣的西装要把扣子全系上;西装背心有六粒扣与五粒扣之分,六粒扣西装最底下的扣子可以不扣,而五粒扣西装的则要全部扣上。

(2)西装的口袋

西装讲求以直线为美,所以汽车营销商务人士着西装时不要让口袋鼓鼓囊囊,使西装整体走样。一般来说,上衣左侧胸部口袋可装折好花式的手帕;内侧口袋可放名片、钱夹、钢笔等,但不要过厚,上衣下部的两个口袋不能装东西;两侧裤兜和后裤兜也不宜放任何东西,以求裤型美观。而且,把两手随意插在西装衣袋和裤袋里,也是有失风度的。

3. 西裤

西裤要挺,裤线要清晰、笔直;西裤长度以前面能盖住脚背、后边能遮住 1 厘米以上的鞋帮为宜;不能随意将裤管挽起来。

4. 皮鞋和袜子

汽车营销商务人士所穿鞋子应当庄重而且正式,穿着西装套装一定要穿皮鞋,不能穿旅游鞋、布鞋、凉鞋等,一般以穿黑色或咖啡色皮鞋较为正规;要穿与西裤、皮鞋颜色相同或较深的袜子,一般为黑色、深蓝色或藏青色,绝对不能穿花袜子或白色袜子,如图 1-11 所示。另外,袜子的质地一般以棉、毛为宜,长度要高及小腿部位,不然在与客户坐下交谈时会露出脚腕及脚踝皮肉,非常不雅观。

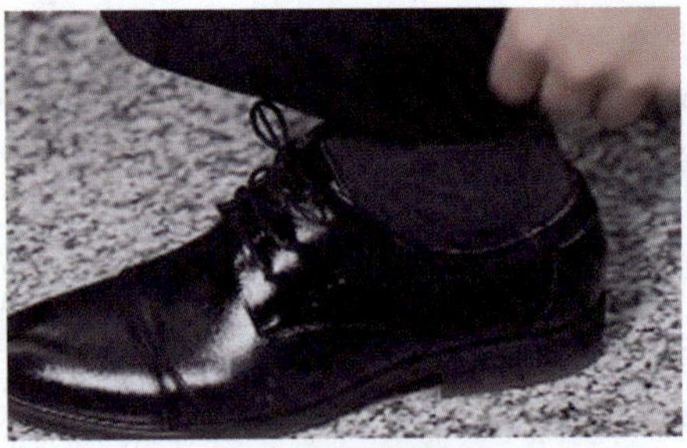

图 1-11　皮鞋和袜子

5. 领带

(1)领带的选择

领带被称为“西装的灵魂”，可以起到“画龙点睛”的作用。领带的选择一般要注意和西装、衬衫协调。领带的质地一般以真丝、纯毛为宜；领带的颜色宜选用与自己制服颜色相称、光泽柔和、典雅朴素的单色(蓝、灰、棕、黑、紫色等较为理想)；领带图案的选择则要坚持庄重、典雅、保守的基本原则，一般为单色无图案，或者选择点点或条纹等几何图案。如图 1-12 所示。

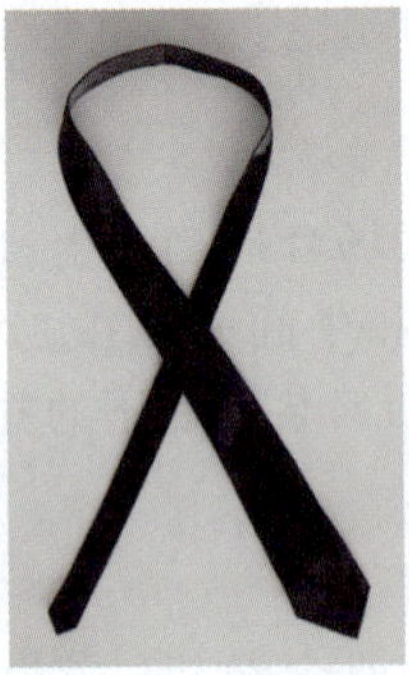

图 1-12　领带的选择

图 1-13　领带的长度

(2)领带的打法

领带结要端正、挺括，呈倒三角形。领带打好之后，其外侧要长于内侧，下端正好触及皮带扣的上端，如图 1-13 所示。如穿西装背心，领带尖不要露出背心。领带夹可用可不用，非要用的话，领带夹一般夹在衬衫的第四、五个纽扣之间。以下是常见的几种打法。

①平结

平结是男士选用最多的领带打法之一。几乎适用于各种材质的领带。完成后领带结呈斜三角形，适合窄领衬衫(如图 1-14)。要诀是宽边在左手边，也可换右手边打。

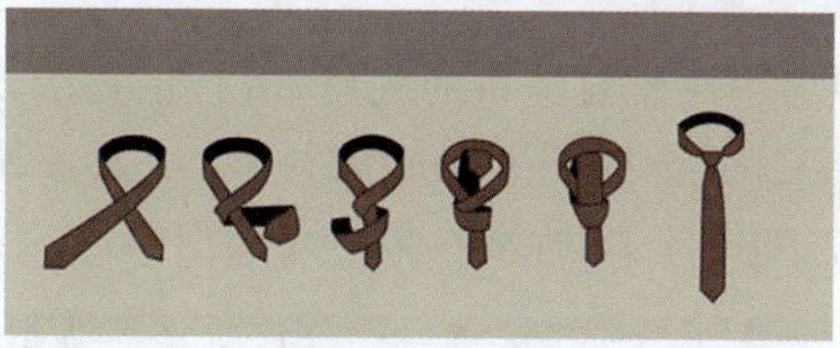

图 1-14　平结

②温莎结

温莎结是因温莎公爵而得名的领带结，是最正统的领带打法(如图 1-15 所示)。打出的结成正三角形，饱满有力，适合搭配宽领衬衫。该集结应多往横向发展。温莎结应避免使用材质过厚的领带，集结也勿打得过大；要诀是宽边先预留较长的空间，绕带时的松、紧会影响领带结的大小。

图 1-15　温莎结

③半温莎结(十字结)

半温莎结是一个形状对称的领带结，它比普瑞特结略大而比温莎结小(如图 1-16 所示)。最适合搭配有浪漫的尖领及标准式领口的衬衣。半温莎结看似步骤很多，做起来却不难，系好后的领结通常位置很正，要诀是使用细款领带较容易上手，适合不经常打领带的人。

图 1-16　半温莎结(十字结)

④交叉结

交叉结是适合于单色素雅质料且质地较薄领带的打法。喜欢展现流行感的男士不妨使用交叉结。交叉结的特点在于打出的结有一道分割线，感觉非常时髦(如图 1-17 所示)。注意按步骤打完领带是背面朝前。

图 1-17　交叉结

⑤双交叉结

双交叉结很容易体现男士高雅且隆重的气质，适合正式活动场合选用。该领带打法多运用在素色且丝质领带上，适合搭配大翻领的衬衫，给人一种尊贵感。要诀是宽边从第一圈与第二圈之间穿出（如图 1-18 所示），集结充实饱满。

图 1-18　双交叉结

视频 1-2　打领带

随堂练习

根据对领带的学习内容，以小组为单位讨论并练习几种适合汽车营销岗位的男士领带打法，评选出本组领带打得最快最漂亮的同学，然后上台展示，其他同学对该组展示的领带打法指出优点和不足，最后大家一起学习最适合的领带打法。

（三）西装整体着装原则

西装着装讲究“三个三”，即三色原则、三一定律、三大禁忌。

1. 三色原则

三色原则是指男士在正式场合穿着西装套装时，全身颜色必须限制在三种之内。

2. 三一定律

三一定律是指男士穿着西服、套装外出时，身上有三个部位的色彩必须协调统一，这三个部位是指鞋子、腰带、公文包的色彩必须统一起来。最理想的选择是鞋子、腰带、公文包皆为黑色。鞋子、腰带、公文包是白领男士着装最为引人瞩目之处，三者色彩统一，有助于提升自己的品位。

3. 三大禁忌

三大禁忌是指在正式场合穿着西服、套装时不能出现的三个错误。

(1)袖口上的商标没有拆

袖口上的商标应该在买西装付款时就由服务人员拆掉。如果在穿着西装时袖口上的商标还没有拆掉，就显得外行了。

(2)在正式场合穿着夹克打领带

领带和西装套装是配套的,如果是行业内部的活动,比如说领导到本部门视察,穿夹克打领带是允许的。但是在正式场合,夹克等同于休闲装,所以在正式场合尤其是对外商务交往中,穿夹克打领带是绝对不能被接受的。

(3)正式场合穿着西服、套装时袜子出现问题

一般来说,穿袜子最重要的讲究是两只袜子颜色统一。在正式场合中有两种袜子不适合穿,一是尼龙丝袜,二是白色袜子。袜子最好选择与皮鞋颜色一致的或深色的棉袜、毛袜。

四、女士套裙着装礼仪

职业女装有三种基本类型,即西服套裙、夹克衫或不成形上衣以及连衣裙。在这三种类型中,西服套裙是女性的标准职业着装,它能恰如其分地展示女性认真工作的态度与温婉的女性之美。所以,在所有职业女装中,西服套裙是首选。

(一)女士套裙的选择

1. 款式

西服套裙大致分为两种,一种是西装上衣和裙子同色同料,称为“标准型”或“成套型”;一种是西装上衣与裙子进行自由组合,上衣与裙子在颜色、质地上存在差异,称为“随意型”。套裙在整体造型上的变化,主要表现在它的长短和宽窄上,裙长一般以膝盖上下5厘米为理想裙长;以宽窄肥瘦而论,紧身式上衣显得较为传统,松身式上衣时髦一些。在汽车营销行业中,女性工作人员要着“成套型”西服套裙(如图1-19所示),上衣袖长以恰好盖住着装者的手腕为好,上衣和裙子均不可过于肥大或包身。

图1-19　女士套裙

2. 颜色

职业套裙的最佳颜色是黑色、藏青色、灰褐色、灰色和暗红色等。精致的方格、印花和条纹也可以接受。汽车营销工作人员套裙以黑色、藏青色为宜,以体现女性工作人员的端庄与稳重,便于赢得客户的信赖。

(二)女士套裙的搭配

1. 衬衫

面料要轻薄柔软,颜色应雅致端庄,以白色为主,可以有简单的线条、圆点等点缀。款式要简洁大方,不要有过多的花边和皱褶。

2. 内衣

确保内衣要合身，身体线条流畅，既穿得合适，又要注意内衣颜色不要外漏。

3. 丝巾

汽车营销工作人员选择丝巾时要注意颜色中应包含套裙颜色，丝巾以丝绸质地为好（如图 1-20 所示），其他质地的丝巾打结或系起来则没那么好看。

4. 鞋袜

穿着套裙时要穿黑色的高跟、半高跟皮鞋，搭配长筒袜或连裤袜，颜色以肉色为首选，应随身携带一双备用的透明丝袜，以防袜子拉丝或跳丝，如图 1-21 所示。

图 1-20　丝巾

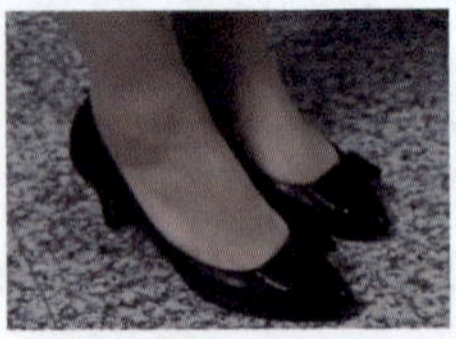

图 1-21　女士鞋袜

（三）穿着套裙的一般要求

1. 穿着到位

汽车营销从业人员在工作场合穿着套裙时，上衣的领子要翻好，衣袋的盖子要拉出来盖住衣袋；不允许将上衣披、搭在身上；衣扣要全部系上，不允许部分或全部解开，更不允许当着别人的面随便脱下上衣。

2. 协调妆饰

通常穿着打扮，讲究的是着装、妆容和配饰风格统一，相辅相成。穿着套裙时，必须维护好个人的形象，妆容与配饰要合乎身份。汽车营销工作人员在工作岗位上最好不要佩戴任何首饰。

3. 兼顾举止

套裙最能够体现女性的柔美曲线，这就要求女士在工作场合要举止优雅，注意个人仪态。穿着套裙，要站得又稳又正，不可以双腿叉开。汽车销售顾问与客户就座以后，务必注意姿态，不要双腿分开过大，或是翘起一条腿，抖动脚尖，更不可以脚尖挑鞋直晃，甚至当众脱鞋。

五、饰物佩戴礼仪

（一）饰物佩戴的原则

服饰礼仪中不仅服装穿着有讲究，饰物的选择和佩戴也不可随心所欲，汽车营销人员应对饰物佩戴礼仪有所了解，要遵循规范和原则。饰物佩戴总的原则是符合身份，以少为佳，提倡不戴。具体规范如下：

1. 点到为止，恰到好处

汽车营销人员佩戴首饰时，数量上是以少为佳，点到为止。具体而言，女士在佩戴饰物时要遵守的一项重要规则，就是在商务场合中饰物以不超过三件为宜，并且要求同质同色，而男士适宜佩戴的只有结婚戒指一种。

2. 扬长避短，显优藏拙

汽车营销人员选择首饰时，应充分正视自身的形体特点，努力让首饰为自己扬长避短。避短是其中的重点，扬长要适时而定。

3. 符合身份，不盲目模仿

汽车营销人员选戴首饰时，不仅要照顾个人爱好，更应当符合自己的身份，佩戴饰物不能妨碍自己的本职工作。要和自己的职业、工作环境保持基本一致，突出自己的个性，切忌盲目模仿。汽车销售顾问、服务顾问由于要经常触碰车，所以戒指、手链都不宜佩戴。

4. 懂得寓意，避免尴尬

不同的地区、不同的民族，佩戴首饰的习惯做法也有所不同，要了解并且尊重。商务人员要懂得饰物佩戴的寓意，避免尴尬。例如，戒指、手镯、项链的不同佩戴方式，表示的意思完全不同，如果无意中戴错了，可能会在商务交往中导致尴尬的场面。

（二）主要饰物佩戴

1. 项链

项链是女性较为青睐的饰物，商务男士应尽量不戴项链，若非戴不可，注意不要外露。项链佩戴的位置抢眼，会把别人的目光吸引到颈部或者胸部，因此项链配搭要考虑脸型和颈部的特征。如长脸宜配短粗的项链，圆脸宜选择链接式项链；颈部长的人可选择短粗的项链，颈部短的人可选择细而长的项链。同时，项链的佩戴应和年龄、服饰相匹配。

2. 耳饰

耳饰有耳环、耳链、耳钉、耳坠等，一般为女性使用。耳饰讲究成对使用，切勿在工作场合只在一只耳朵上戴耳环，或者戴多个耳环。汽车销售、服务岗位的人员不宜佩戴耳饰，因为不断晃动的耳饰会分散顾客的注意力。

3. 戒指、手链

（1）戒指一般佩戴在左手上，最好只戴一枚。戒指的佩戴往往暗示婚姻和择偶状况，作为汽车营销人员需要了解不同戴法的含义，以便于判断客户身份。戒指戴在食指上，表示无偶或者求婚；戒指戴在中指上，表示已有意中人，正在恋爱中；戒指戴在无名指上，表示已经订婚或者结婚；戒指戴在小指上，则暗示自己是一位独身者。

（2）手镯、手链主要是为了凸显手腕和手臂的美丽，通常戴在左手上。手镯、手链不能同时佩戴，同时二者也不能与手表搭配。

对于汽车行业从事基础销售和服务岗位的人员来说，由于工作中要时常触摸车辆，戒指、手链等都容易刮伤车辆，因此工作时不能佩戴戒指、手链，这也是遵守“有碍自己本职工作的饰物不戴”的岗位原则。

4. 提包

（1）公文包是商务男士的首选，汽车营销人员宜选择黑色、棕色的公文包，公文包外表除商标之外不宜带有任何图案、文字，否则有失身份。

（2）手提包一般为女士使用。作为上班通勤使用的手提包，汽车营销人员一般宜选择方形或者长形款式、大方、简洁、质量上乘、做工精致的手提包，不宜选用体积过于庞大或者装饰图案过于花哨的手提包。相对来说，女性手提包的选择范围较大，在与服饰搭配时需注意以下三点：

首先，手提包应与服饰呈对比色，这样比较醒目；其次，若服饰为多色彩，手提包可与服饰主色调相同；最后，手提包可与服饰中某一颜色同色，做到上下呼应，增强整体和谐性。

在工作场合，男女员工仪容仪表规范如图 1-22 所示。

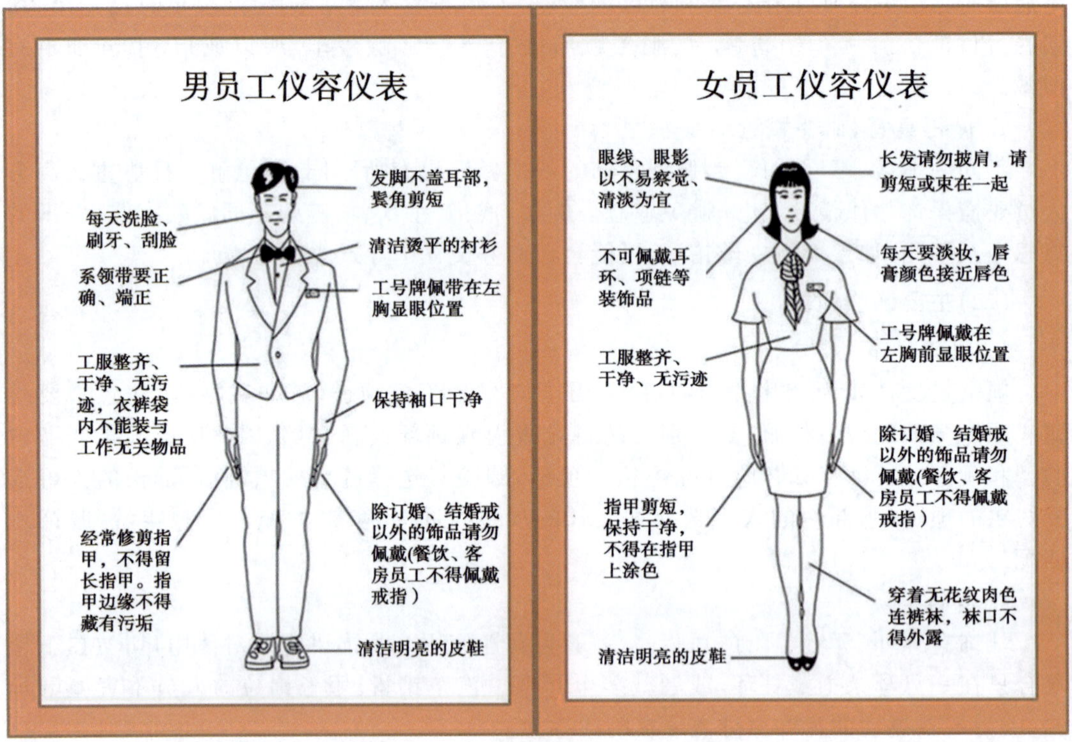

图 1-22　男女员工仪容仪表

★礼仪技能训练

汽车营销岗位形象礼仪展示

实训目标	掌握仪容、仪表、服饰礼仪的规范 能够熟练按照职业岗位要求展示个人形象	
实训准备	场地准备	礼仪一体化教室
	工具准备	化妆镜、化妆盒等
汽车营销形象礼仪职业规范	小组讨论，明确汽车营销岗位人员的形象礼仪规范并记录如下：	

续表

任务实施	按照汽车营销形象礼仪规范进行装扮并分组展示				
考核评价					
评价项目	妆容	发型	服饰	鞋袜搭配	领带、丝巾的佩戴
评价标准	符合岗位要求			搭配得体	系法正确
第 1 组					
互评记录	优点				
	缺点				
第 2 组					
互评记录	优点				
	缺点				
第 3 组					
互评记录	优点				
	缺点				
第 4 组					
互评记录	优点				
	缺点				
自评反思					

★学习评价

通过对本项目的学习，你掌握了多少礼仪小知识呢？下面来测一测吧！

选择题

1. 礼仪的首要问题是(　　)。

A.尊重为本　　B.规范为本　　C.友善为本　　D.招待为本

2. 在工作场合，男性汽车营销人员的头发长度应前发不覆额、侧发不掩耳、后发(　　)。

A.不过肩　　B.不过领　　C.不超过发际　　D.以上都不对

3. 在汽车营销礼仪中，男士西服着装的“三一定律”是指(　　)。

A.皮鞋、裤子、上衣应为套装

B.鞋子、腰带、公文包保持一个颜色

C.西服上衣、西服裤子、皮鞋保持一个颜色

D.皮鞋、西服、腰带保持一个颜色

4. 在正式场合，如果西装有三粒扣子，应将(　　)扣子扣上。

A.上面　　B.中间　　C.下面　　D.无所谓

5. 穿着西装时，纽扣的扣法很有讲究，穿(　　)西装，不管在什么场合，一般要将扣子全部扣上，否则会被认为轻浮不稳重。

A.两粒扣　　B.三粒扣　　C.单排扣　　D.双排扣

6. 汽车营销人员在工作场合穿西服时，最理想的衬衫颜色是(　　)。

A.蓝色　　B.白色　　C.灰色　　D.咖啡色

判断题

7. 女性汽车营销人员工作场合须化淡妆；化妆应在上班前完成；注意补妆。(　　)

8. 穿西装时，衬衫的袖长长短要适度。最美观的做法是衬衫的袖口恰好露出1～2厘米。(　　)

9. 汽车营销人员手指甲的长度通常不应长过手指指尖。(　　)

10. 女性汽车营销人员若梳短发，要合拢在耳后，可佩戴色彩艳丽的饰物。(　　)

项目二
汽车营销客户接待礼仪

在商务接待中，恰到好处地运用商务接待礼仪，可以给客户留下良好的印象，有利于商务交往的顺利进行。汽车销售顾问在进行客户接待的过程中，只有充分利用接待礼仪，展现个人修养，与客户建立良好的人际沟通关系，维护好个人和企业的形象，才能够保证汽车销售工作的顺利进行。那么，作为汽车营销人员，在4S店工作的过程中应该掌握哪些接待礼仪呢？

★学习目标

素质目标

通过对接待礼仪知识的学习与实践，培养学生团结协作、沟通交流的能力。

知识目标

掌握汽车营销接待工作流程；

掌握见面礼仪的职业规范及在工作场合的使用；

掌握位次礼仪的职业规范及在工作场合的使用。

能力目标

能在汽车销售过程中恰当地称呼他人，把握握手的时机和顺序，灵活使用名片等；

能在汽车营销相关岗位中合理地利用接待礼仪接待客户，塑造良好的个人和企业形象。

★学习任务

管仲曾云："善气迎人，亲如兄弟；恶气迎人，害于兵戈。"这足以说明友善的重要性。中国是礼仪之邦，汽车营销人员在客户接待过程中，只有规范接待礼仪，讲文明，对待客户热情、友善，才能给客户留下好印象，有助于汽车企业的营销业绩。通过接待礼仪的学习，也可提升自己的整体素养，养成文明礼貌、诚信友善待人的良好生活和工作习惯。

任务一　汽车营销会面礼仪

【任务情境】

新入职的小王今天第一天来汽车4S店上班。在做好了个人仪容仪表礼仪准备工作后，他在汽车销售接待区等候客户的到来。小王心里有些忐忑，暗自在想：与客户见面时，我该注意什么呢？我要怎么做才能给客户留下良好的印象呢？有没有与客户见面寒暄的一些礼仪呢？下面我们一起带着这些疑问进入本任务的学习。

【相关知识】

在汽车销售的过程中，展厅的客户接待是销售顾问与客户会面的第一个时机，也是促进成交的重要过程。对于汽车4S店来说，区别于其他汽车销售店面的突出优势在于服务，而做好服务的第一步就是接待，这就要求4S店的工作人员，尤其是汽车销售人员，必须把握住与客户见面的时机，通过规范的见面礼仪，给客户留下良好的印象，以促进成交。

一、称呼礼仪

称呼是在对亲属、朋友、同志或其他有关人员称呼时所使用的一种规范性礼貌语，准确的称呼能恰当地体现当事人之间的隶属关系。人际交往，礼貌当先；与人交谈，称呼当先。称呼要体现尊敬、亲切和文雅，使双方心灵沟通、感情融洽，拉近彼此距离。正确地掌握和运用称呼，是人际交往中不可缺少的礼仪。称呼分为姓名称呼、亲属称呼、职务称呼、性别称呼四个大类，在我们的社交活动中非常重要。

恰当地使用称呼，是社交活动中的一种基本礼貌，但是使用称呼应当谨慎，稍有差错，便贻笑于人。每一个销售顾问都应该把握好"5米关注、3米注视、1米搭话"的技巧，顾客进店时合理利用称呼礼仪，询问客户来店的目的。

(一)姓名称呼

姓名，即一个人的姓氏和名字。姓名称呼是使用比较普遍的一种称呼形式。姓名称呼的用法大致有以下三种情况。

第一种是全姓名称谓，即直呼其姓和名，如"张小明""牛大力"等。全姓名称谓给人一种庄严感、严肃感，一般用于学校、部队或其他郑重场合，日常生活交往中使用较少。

第二种是名字称谓，即省去姓氏，只呼其名字，如“小明”“大力”等，这样称呼显得既礼貌又亲切，运用场合比较广泛。

第三种是姓氏加修饰称谓，即在姓之前加一修饰字，如“老李”“小刘”“大陈”等，这种称呼亲切、真挚。一般用于在一起工作、劳动和生活中相互比较熟悉的同志之间。

(二)职务称呼

职务称呼就是用所担任的职务作称呼。这种称谓方式，古已有之，目的是不称呼其姓名，以表尊敬。现在人们用职务称呼的现象已相当普遍，目的是表示对对方的尊敬和礼貌。职务称呼主要有三种形式：用职务称呼，如“李局长”“张科长”“刘经理”等；用专业技术职务称呼，如“李教授”“张工程师”“刘医师”等，对工程师、总工程师还可称“张工”“刘总”等；职业尊称，即以其从事的职业作为称呼，如“李老师”“赵大夫”“刘会计”等，不少行业可以用“师傅”相称。

(三)性别称呼

一般约定俗成地按性别的不同分别称呼，女的称呼“小姐”“女士”，男的称呼“先生”。其中，“小姐”“女士”二者的区别在于未婚者称“小姐”，不明确婚否者则可称“女士”。

作为汽车销售人员，必须明确如何灵活运用上述称呼礼仪，把握好“5 米关注、3 米注视、1 米搭话”的技巧，在顾客进店时及时称呼对方，询问来店意向，让客户感受到你对他的关注。例如，刘经理您好，欢迎光临一汽大众宏发 4S 店，请问有什么能帮助您的？

❈ 随堂练习

根据称呼礼仪的学习内容，小组讨论汽车营销岗位人员应该根据哪种情况称呼客户，并自行设计客户角色，讨论完成后每组同学根据设计的客户角色上台展示，其他小组同学给予点评。

❈ 知识拓展

称呼礼仪在当今的工作和社交场合中已得到广泛应用。中国文化博大精深，古代亲属之间是如何称呼的呢？亲属称呼是对有亲缘关系的人的称呼，中国古人对此尤为讲究，主要有：

对亲属的长辈、平辈不能称呼姓名、字、号，要按与自己的关系称呼。如祖父、父亲、胞兄等。

有姻缘关系的，前面加“姻”字，如姻伯、姻兄、姻妹等。

称呼别人的亲属时，加“令”或“尊”字，如尊翁、令堂、令郎等。

对别人称呼自己的亲属时，前面加“家”字，如家父、家母、家兄等。

对别人称呼自己的平辈、晚辈亲属，前面加“敝”“舍”或“小”字，如敝兄、舍弟、小儿等。

对自己亲属谦称，前面可加“愚”字，如愚伯、愚兄、愚侄等。

随着社会的进步，人与人之间的关系发生了巨大变化，原有的亲属、家庭观念也发生了很大的改变。在亲属称呼上已没有那么多讲究，只是书面语言上偶然使用。现在，我们在日常生活中使用亲属称呼时，一般是表明自己与亲属的关系，十分简洁明了，如爸爸、妈妈、哥哥等。

有姻缘关系的，在当面称呼时，也有了改变，如岳父——爸，岳母——妈，姻兄——哥，姻姐——姐等。

称呼别人的亲属时和对别人称呼自己的亲属时也不那么讲究了，如您母亲、您父亲、我哥哥、我弟弟等。不过在书面语言上，文化修养高的人还是比较讲究的，不少仍沿袭传统的称谓方法，显得高雅、礼貌。

二、介绍礼仪

介绍是人们从陌生到相识的桥梁，介绍既是一种礼仪，也是一种人际沟通的艺术。得体的自我介绍，可以给人留下深刻的印象；而得体地为他人做介绍，能够缓解被介绍人因为陌生而产生的不安情绪，也便于他们在了解对方的身份后选择合适的话题和交往方式。因此，作为汽车销售人员，在工作场合、社交场合，掌握介绍礼仪常识，能够帮助自己轻松应对人际交往，成为一个受客户和周围同事、朋友欢迎的人。

（一）自我介绍的礼仪

在工作场所，没有人为自己做介绍或者需要自己做介绍时，都可以主动进行自我介绍。主动自我介绍，让对方知道自己是谁，体现的是对对方的尊重。

自我介绍时，地位低的人应当主动向地位高的人自我介绍。工作场合中做自我介绍时，一般要包括单位、职务、姓名三个要素。例如："您好，我是某某公司的业务经理，我叫张小明。"在社交场合进行自我介绍时，一般要介绍自己的姓名和社会关系背景。例如："叔叔好，我叫张小明，是小区物业办公室张总的女儿。"

另外，在自我介绍时，可以选择符合自己目标形象的词，加深对方对自己名字的印象，如"我姓徐，林则徐的徐"或"我姓徐，清风徐来的徐"，能给人一身正气或浪漫清新的感觉。

自我介绍的内容应当在平时就做好准备，勤于练习，这样关键时刻既不会出现长篇大论的情况，也不会出现一时语塞的意外，做到简练、清晰、完整、流畅。对于汽车销售人员来说，如果是面见客户，自我介绍可以是："徐先生您好，我是×××4S店销售顾问张小明，请问有什么可以帮助您的？"如果是电话沟通，自我介绍可以是："徐先生您好，我是×××4S店销售顾问张小明，请问您现在方便接听电话吗？"我们要根据不同的场景，合理地做好自我介绍。

（二）为他人做介绍的礼仪

1. 为他人做介绍的顺序

在工作或社交场合为他人做介绍时，出于尊重位尊者的目的，应该先将位卑者介绍给位尊者，让位尊者先了解对方是谁，再将位尊者介绍给位卑者，这样做表达的是对尊者的尊重。因此，为他人做介绍时一般遵循让位尊者先了解对方是谁的原则。

（1）工作、商务场合——级别优先

工作场合中，应当先依据职务高低，以及在该场合双方之间的关系、身份等进行地位高低的排序。如果职务、地位等级相同，年长者地位高于年轻者。同时，要遵循女士优先的原则。

商务活动中，客户出现时，通常被排在尊位；当个人和团队见面时，先将个人介绍给团体；当两个团队见面时，先将地位低的一方介绍给地位高的一方。举办活动时，介绍某单位人员要从级别高的到级别低的依次介绍。

(2)社交场合——辈分优先

在社交场合中，应当先依据辈分高低排序，在辈分相同时，年长者高于年轻者；主人和客人见面时，客人优先，但如果主人是长辈，则长辈优先；老朋友和新朋友相比，通常老朋友具有更重要的地位；亲戚和朋友相比，亲戚更为重要；社交场合没有辈分区别的情况下，遵循女士优先的通行原则。

2. 为他人做介绍的三要素

介绍的三要素包括：姓名、身份和背景信息。

在工作场合的介绍，应该使用正式的称呼。尽管你和丽丽是很好的朋友，但是把她介绍给客户时就要说："张先生您好，这位是我们店的金牌销售经理王丽丽。"

介绍时除了介绍姓名和身份，如果能够提供一些背景信息，就能够促进双方的了解，为对方提供进一步交流的话题，增进双方对彼此的信任，让大家快速建立联系。例如，张先生来本店想购买一辆最新款迈腾汽车，你将他介绍给销售经理王丽丽，可以说："张先生您好，这位是我们店的金牌销售经理王丽丽，从我们公司成立以来她就一直在我们店从事大众品牌车辆的销售，对迈腾车非常了解，有什么问题，您可以直接向她咨询。"

3. 为他人做介绍的动作

作为介绍者，无论介绍哪一方，都应手势动作文雅，手心向上，四指并拢，拇指微张，胳膊略向外伸，指向被介绍的一方，并向另一方点头微笑，上体略前倾，手臂与身体成50～60°。在介绍一方时，应微笑着用自己的视线把另一方的注意力引导过来，如图 2-1所示。态度热情友好，语言清晰明快。

图 2-1　为他人做介绍

4. 为他人做介绍的时机

为他人做介绍时，一定要把握好介绍的时机，选择合适的时间和方式。如果被介绍的人正在与他人交谈，冒然打断，生硬地做介绍，可能会在见面之初给双方都留下不愉快的印象。相反，如果自己同时和两个人交谈，而这两个人不认识，这个时候就要主动地给对方做个介绍。例如，当你正和售后经理说话的时候，有一位老客户走了过来，于是你站起来和老客户打招呼，这个时候你可以恰到好处地成为客户与售后经理沟通的桥梁："陈先生，很高兴给您介绍一下，这位是我们售后部王经理，您车辆后续使用中遇到任何问题都可以咨询他。”这样介绍后，客户就可以咨询售后用车方面的问题，便于提高后期客户的进场率。

视频 2-1　为他人做介绍

随堂练习

1. 自我介绍练习

根据自我介绍礼仪的学习内容，合理设计个人的自我介绍，每个小组成员两人一组进行练习，然后推荐四位代表上台展示。

2. 工作场合介绍的排序方法练习

(1)今天同品牌 A 店年长、级别低的徐会计和同品牌 B 店年轻、级别高的张经理同时来我们店内指导工作，他们之间需要相互认识，作为 4S 店销售人员，应当怎样为他们做介绍？结合汽车销售岗位，小组讨论写出话术，并派代表上台展示。

(2)今天我们 4S 店邀请了厂家领导来店指导工作，期间需要召开一次员工大会，将几位来指导的同志介绍给员工认识，请你确定介绍的顺序。他们分别是厂家销售部业务主管曹小姐、厂家销售部经理张先生、厂家新入职员工徐先生、厂家客户关系专员艾小姐。结合汽车销售岗位，小组讨论写出话术，并派代表上台展示。

(3)新员工王晓辉今天入职我们 4S 店，你负责带王晓辉参观公司，并将他介绍给大家。顺序分别是销售部、售后部、办公室。结合汽车销售岗位，以小组为单位写出话术，并派代表上台展示。

三、名片礼仪

名片虽小，但在与客户沟通过程中的影响却不容销售人员有丝毫忽视，良好的客户关系往往就在这些细节中微妙地体现出来。名片是一个人身份的象征，当前已成为人们社交活动的重要工具。名片的递送、接受、存放也要讲究社交礼仪。因此，汽车销售人员一定要能够熟练使用名片礼仪。

1. 名片递送礼仪

名片的递送顺序一般是地位低的人先向地位高的人递名片，男性先向女性递名片。当对方不止一人时，应先将名片递给职务较高或年龄较长者，或者按由近至远顺序，依次进行。汽车销售人员在工作场合中要遵循主动为客户递送名片的基本原则。

递送名片时，应该面带微笑，注视对方，直视对方的眼睛，展示出自己的自信，让自己神采飞扬，如图 2-2 所示。

用双手的拇指和食指分别持握名片上端的两角递送给对方，将名片的正面对着接受者，上身倾斜 15°递送出去，如图 2-3 所示。如果自己是坐着的，应该起立递送名片，这是为了体现自己对对方的尊重。递送的同时，可以加一些语言的表达。例如，“我是本店的销售顾问张小明，这是我的名片，请多关照”，或者“我是本店的销售顾问张小明，非常高兴您选择到我们 4S 店看车，这是我的名片，希望保持联络”。

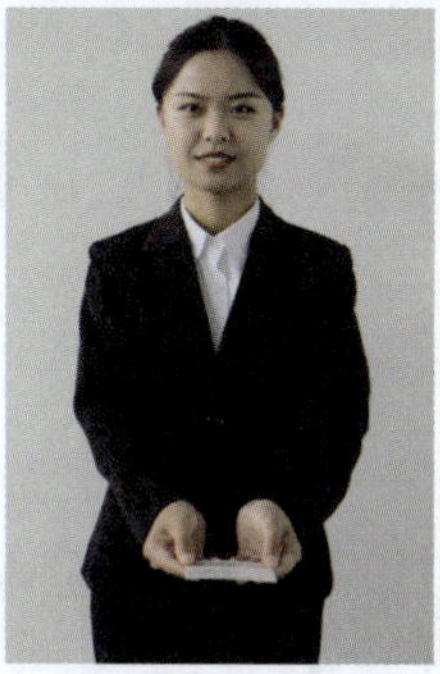

图 2-2　递送名片

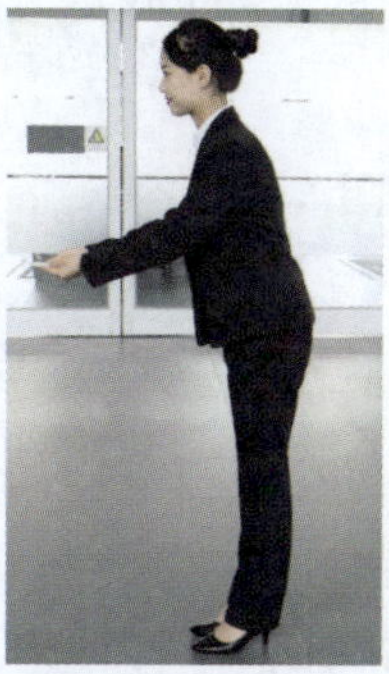

图 2-3　递送名片

2. 名片的接收

在工作过程中，如果遇到客户主动向我们递送名片，我们应站立，面带微笑，目视对方，用双手的拇指和食指接住名片下方两角，并说“谢谢”“很荣幸”等。

接过名片后，应十分珍惜，认真地默读一遍，如果是初次见面，最好将名片的主要内容读出来，读时要抑扬顿挫，以示尊重。

在其他场合，如果接收到他人的名片，而自己没有或未带名片，应表示歉意。

图 2-4　名片的接收

视频 2-2　递送名片 1

视频 2-3　递送名片 2

3. 名片交换的注意事项

接待客户过程中应该将名片存放到随手可取的地方，把握时机，主动出示名片给客户，并且告知客户名片上有自己的微信二维码，客户也可以添加微信，方便以后联系。

如果有客户给我们名片，接收名片后要妥善存放，不宜随手置于桌上；不要在对方的名片上书写不相关的东西；不要无意识地玩弄对方的名片。

❋ 随堂练习

目标客户王先生，应约今天下午两点来店看车，你负责接待他，运用名片礼仪相关知识进行演练。

四、握手礼仪

握手是沟通思想、交流感情、增进友谊的重要方式。深情、文雅而得体的一握，往往蕴含着令人愉悦、信任、接受的契机。因此，作为汽车销售人员，把握好握手的时机和场合，应用规范的握手礼仪取得客户的信任，是非常重要的。

（一）握手的次序

在正式场合，握手时伸手的先后次序主要取决于职位和身份；在社交、休闲场合，握手时伸手的先后次序则主要取决于年纪、性别、婚否。作为汽车销售人员，可以根据与客户的熟悉程度和交际场合合理确定。

礼仪规范中，职位、身份高者与职位、身份低者握手，应由职位、身份高者首先伸手；女士与男士握手，应由女士首先伸手；已婚者与未婚者握手，就由已婚者首先伸手；年长者与年幼者握手，应由年长者首先伸手；长辈与晚辈握手，应由长辈首先伸手；社交场合中先到者与后来者握手，应由先到者首先伸手；客人到访时，主人应先伸出手来与客人相握；客人告辞时，应首先伸出手来与主人相握。在汽车销售过程中，我们应遵循握手礼仪中的伸手次序，但也要根据具体的工作场景及与客户的熟悉程度等情况随机应变。

（二）握手的时机

作为汽车销售人员，在接待客户的过程中，有许多需要与客户握手的时机，把握好本次时机，不仅能够增进与客户的感情，更能提升客户本次购车体验，提升客户满意度。那么在工作中，我们的握手时机主要有哪些呢？

1. 介绍相识时。车辆销售后，有好的购车体验的客户，往往会给你带来新的客户，当介绍你与其他客户相识时，若客户主动伸手，应马上向对方伸手并趋前相握，表示很高兴认识他（她），希望今后建立联系和商谈工作等。

2. 久别重逢时。与自己比较熟悉的车主多日不见时，应热情相迎，若客户主动伸手，应马上向对方伸手并趋前相握，以示自己的问候、关切和高兴。

3. 迎接客人到来时。当你所邀请的客户如约而至，或者有客户自己进店来咨询车辆时，应主动同他们握手，以示欢迎。

4. 拜访告辞时。在拜访客户、友人、同事或上司之后，辞别时应握手，以示希望再见之意。

5. 送别客人时。客户参加完展厅活动告别时，若客户主动伸手，应同主动伸手的客户握手，并表示感谢对方能光临、给予赏光支持之意。

6. 与有喜事的熟人见面时。当你获知自己的友人或熟人有喜事，如晋升职衔、喜结良缘、比赛获奖等，与之见面时应主动握手，以表示祝贺。

7. 别人向自己祝贺、赠礼时。当有人向自己颁发奖品（奖金）、赠送礼品、发表祝词和表示祝贺时，应与其握手以表示感谢。

8. 别人为自己提供帮助时。当别人为自己（包括自己的亲友）提供帮助时，应握手致谢。

（三）握手的姿态

握手时距对方约一步远，上身稍向前倾，两足立正，伸出右手，四指并拢，握手时虎口相交，拇指轻抚对方手背，平等、自然，手掌处于垂直状态，掌心向左握住对方的手。男士与男士握手需要有力量感，但和女士握手基本四个手指和女士手心搭一下就可以松开，如图 2-5 所示。

（a）男士握手

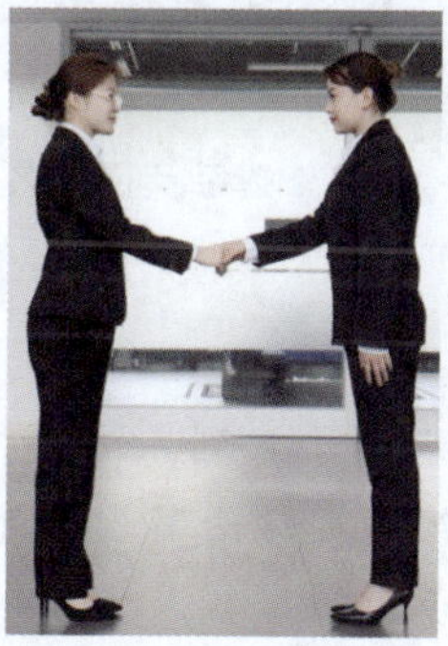

（b）女士握手

（c）男女士握手

图 2-5　握手的姿势与表情

握手时应双目注视对方，微笑致意、简单问好，不要一句话不说，也不可长篇大论、点头哈腰、过分客套，有更多的话放在握手完后再说。

（四）握手的禁忌

1. 不能用左手与他人握手，不要在握手时争先恐后。握手时，应当遵守秩序，依次而行。

2. 不要在握手时戴手套。女士在交际场合可戴薄纱手套。

3. 不要在握手时戴墨镜。患有眼疾或眼部有缺陷者例外。

4. 不要在握手时将另外一只手插在衣袋里。

5. 不要在握手时另外一只手依旧拿着东西而不放下。例如,拿着香烟、公文包等。

6. 不要在握手时面无表情。切莫与人握手时不置一词,好像根本无视对方的存在,而纯粹是为了应付。

7. 不要在握手时长篇大论。

视频 2-4　握手及递送名片

视频 2-5　会面礼仪

随堂练习

情景 1:销售顾问小王到东方科技贸易公司拜访客户张总,先打招呼、自我介绍,然后与张总握手。小组成员讨论写出话术,并按照握手礼仪的要求两人一组进行演练,然后推举代表上台展示。

情景 2:小组讨论并展示"展厅迎接客户和送别客户"时的握手礼。小组进行讨论,并组织上台展示。

知识拓展

中国古代拱手礼

中国历来重视礼仪,中国也因此被称为"礼仪之邦"。孔子说:"不学礼,无以立。"又说:"君子无所争,必也射乎,揖让而升,下而饮,其争也君子。"历史上传承最久、使用最普遍的礼仪就是拱手礼,这种礼仪早在周朝就已经普遍使用,一直延续到民国时期。疫情期间,这种礼仪又悄然出现在人们的生活中,充分体现了古人的智慧,是中国悠久文明历史的一种体现,彰显了中国的文化自信。

中国古代士与士之间见面经常面带微笑,身体前倾,双手相抱行一个拱手礼,又叫作揖。一般情况下,男子应右手握拳在内,左手在外,女子则正好相反;若为丧事行拱手礼,则男子为左手握拳在内,右手在外,女子则正好相反。

从记载上看,拱手礼始于周朝,周武王的弟弟周公旦担任摄政王时,重新制订了《周礼》,作为巩固皇权、规范朝臣的行为制度。在《周礼》中就有拱手礼的说法,亦即"作揖"。

图 2-6　拱手礼

随着历史的发展，一些礼节也趋于简化、自由。改革开放后，中国打开国门与世界接轨，从国外引进的不仅是先进的科学技术、社科文艺，还有西方的生活方式和礼仪文化等，握手礼开始普遍盛行。但新冠肺炎疫情发生后，我们似乎对远去的谦卑——拱手礼有了些许怀念，因为握手虽简单，可是必有接触，有感染病毒的风险，而拱手礼虽是更大的礼，但是未有碰触，从预防病毒传染的角度看，可以说更为安全。很多礼学专家认为，拱手礼不仅是最体现中国人文精神的见面礼节，而且也是最恰当的一种交往礼仪。

任务二　汽车营销位次礼仪

【任务情境】

王先生此前已经来店看过中意的车型，今天与朋友来店想深度体验下乘车的感受，要求参与一次试乘试驾活动。4S 店销售顾问李明很热情地接待了他们，并引导他们办理了相关的试乘试驾手续。随后李明引导客户来到试乘试驾车旁，将副驾驶车门打开，请客户王先生上车后，自己打开后车门，先将脚和头伸进车内，然后再将身体挪入车内，这一系列动作，让王先生看了很不舒服。

请思考：

作为销售顾问，李明在引导客户办理手续和乘坐交通工具时有哪些不对的地方，正确的礼仪规范应该是怎样的？

【相关知识】

汽车销售人员与客户见面时，有很多服务环节与位次礼仪有关。比如，销售顾问接待客户并引导客户进行环车介绍时，涉及位次礼仪；试乘试驾环节中需要掌握乘坐交通工具的位次礼仪；协商谈判中也要把握签字仪式的位次礼仪；会议对位次也有明确的规范要求。位次礼仪是汽车销售顾问必须掌握的基本礼仪。

一、行进中的位次礼仪

行进中的位次礼仪是指人们在步行的时候位次排列的顺序。客户来店选购车辆，作为销售顾问需要引领客户进入展厅，为其介绍车型，选购成功后需要带领客户办理相关手续，在整个的接待过程中，行进的位次排序礼仪非常重要。

1. 平面行进时

一般情况下，两人横向行进，内侧高于外侧，工作场合应该让客户在内侧我们在外侧；多人并排行进，中央高于两侧，工作场合应该让客户在中央、我们在两侧；如果纵向行进，前方高于后方，工作场合应该让客户在前、我们在后。

如果客户不熟悉路线，需要引导时，自己应该走在客人左前二三步，侧转 130 度向着客人的角度走，配合其行走速度，用左手示意行进方向，保持职业性的微笑和认真倾听的姿态；途中转弯或有楼梯台阶的地方应使用手势，并提醒客人“这边请”或“注意楼梯”“有台阶，请走好”等，如图 2-7 所示。

图 2-7　平面行进的位次

2. 上下楼梯时

上楼梯时，客人走前面，销售顾问跟在后面，如图 2-8(a)所示。但如遇到的客户是女士，并且着裙装(特别是短裙)，上楼时可以让女士居后，销售顾问走在前面。

下楼梯时，销售顾问走前面，并将身体转向客人，如图 2-8(b)所示；若是横向上下楼梯，销售顾问应该把内侧让给客户，把方便留给客人。

如果是螺旋梯，应该让客户走内侧，上下楼梯时，要提醒客人小心。

(a)上楼梯的位次

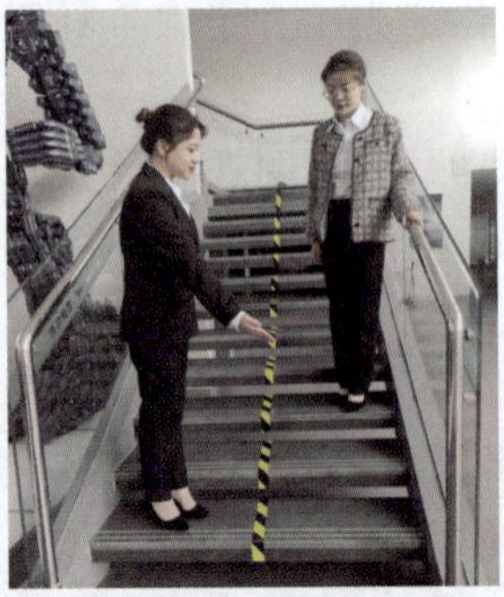

(b)下楼梯的位次

图 2-8　上下楼梯的位次

3. 出入房间时

陪同客户办理手续需要出入房间时，一般客人或者位高者先出入，以示对客户的尊重；如有特殊情况时，如双方均为首次到一个陌生房间，销售顾问或者陪同人员应该先进入房间。

4. 出入电梯时

在客人之前进入电梯，一手按住“开”的按钮，另一只手示意客人进入电梯；进入电梯后，按下客人要去的楼层数，侧身面对客人，可与客人寒暄；到目的地时，按住“开”的按钮，请客人先出电梯。

❄ 随堂练习

顾客王先生准备选购一辆新车，于是与朋友到4S店看车，销售顾问小李热情地接待了他们。

销售顾问在引领客户进入展厅并进行车辆介绍时应该注意哪些礼仪？请你列出，并在课堂上以正确的礼仪要求进行分组演练。

二、乘坐交通工具礼仪

交通已成为现代社会人们日常生活的重要组成部分，无论乘坐轿车、出租车、公共汽车，还是乘坐火车、飞机、轮船等，都要遵循一定的礼仪规范。汽车销售顾问在工作过程中经常需要接待客户进行试乘试驾，或者接待客户参与一些活动，这时销售顾问就需要严格遵循乘车礼仪，这主要涉及乘车的座次、上下车顺序及乘车的行为举止。

1. 座次有别

(1)驾驶员是客人的情况

双排五座轿车：接待客户时，若是客人主动驾车体验，其他座位由尊而卑依次是副驾驶座、后排右坐、后排左座和后排中座，如图2-9(a)所示。

三排七人座轿车：接待客户时，若是客人主动驾车体验，其他座位由尊而卑依次是副驾驶座、后排右坐、后排左座、后排中座、中排右坐、中排左座，如图2-9(b)所示。

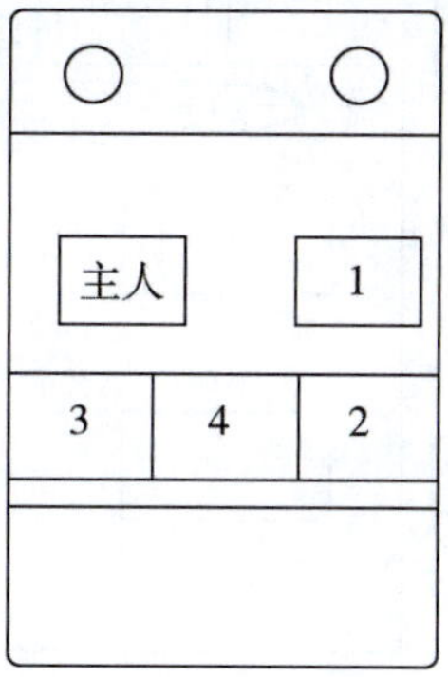

(a)双排五座轿车

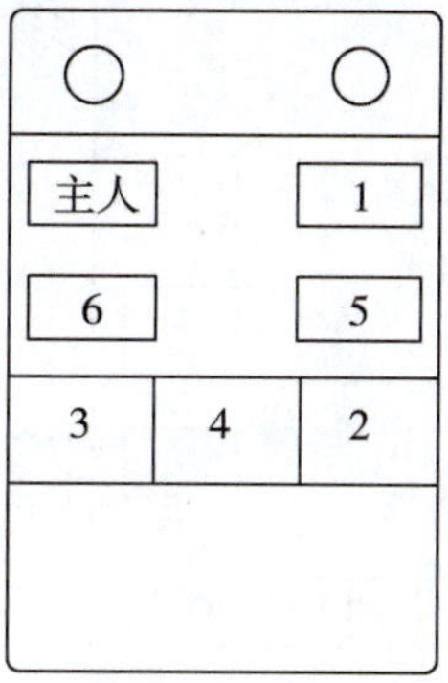

(b)三排七人座轿车

图2-9 驾驶员是主人情况下的位次安排

(2)驾驶员是专职司机的情况

双排五座轿车:接待客户时,若是专职司机驾驶车辆,其他座位的座次,由尊而卑依次是后排右座、后排左座、后排中座和副驾驶座,如图 2-10(a)所示。

三排七人座轿车:接待客户时,若是专职司机驾驶车辆,其他座位的座次,由尊而卑依次是后排右座、后排左座、后排中座、中排右坐、中排左座,副驾驶座,如图 2-10(b)所示。

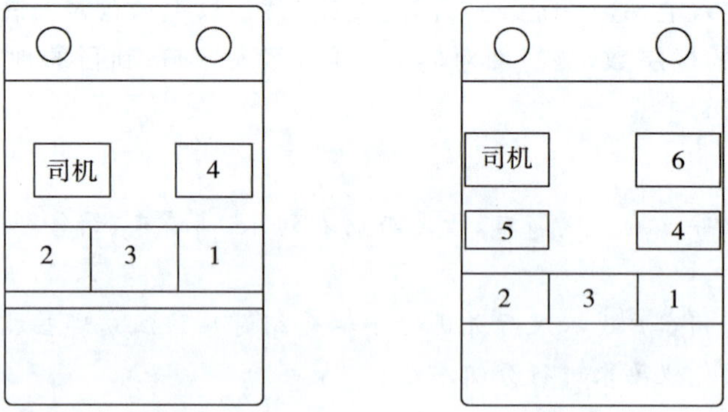

(a)双排五座轿车　　(b)三排七人座轿车

图 2-10　驾驶员是专职司机情况下的位次安排

(3)其他情况

多排座的中型轿车,无论由何人驾驶,均以前排为上,后排为下;右高左低,乘坐四排座或者四座以上中型或大型轿车时,通常以距离前门的远近来确定座次,离前门越近,座次越高,而各排座位则都遵循“右高左低”的原则,如图 2-11(a)所示。

如果是轻型越野车,不论由谁驾驶,其座次由尊而卑依次为副驾驶座、后排右座、后排左座,简单归纳下为由前而后、自右而左,如图 2-11(b)所示。

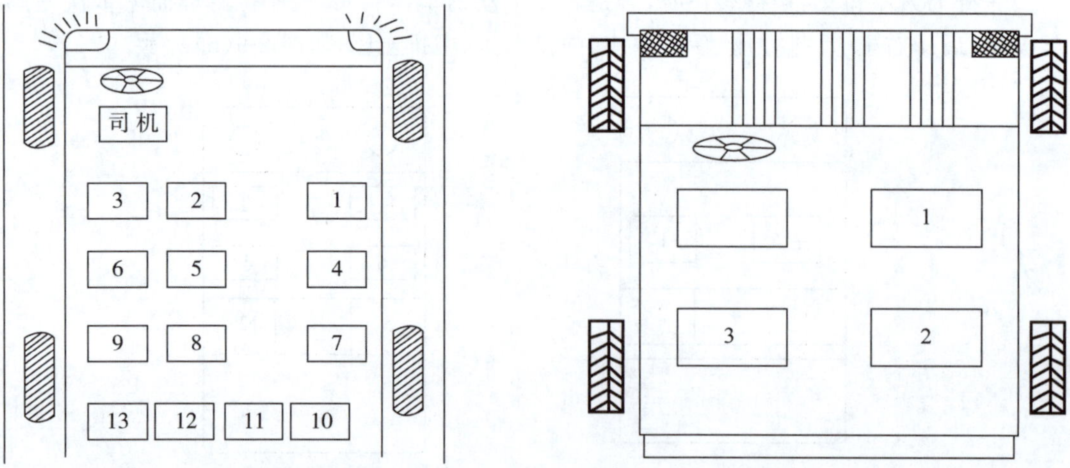

(a)中型轿车　　(b)越野轿车

图 2-11　其他情况下的位次安排

2. 乘车有序

接待客户过程中，上下车的基本礼仪原则是：上车时，让客人先上，自己后上；下车时，自己先下，客人后下。

上车时，在为客人打开车门的同时，左手固定车门，右手护住车门上沿（左侧下车相反），防止客人或领导碰到头部，确认领导或客人身体安全进车后轻轻关上车门。下车时，顺序相同。

3. 举止中规

与客户同乘交通工具时，个人的行为举止要符合规范的要求。

(1)动作得体。入座时，要大方端庄地走到车门前，转身背对车门，先轻轻坐下再将头和身体移入车内，然后将双脚收入车内。应该注意双脚并拢一起收入车内，最后调整坐姿，整理衣服。切忌开门后将头和脚伸入车内，然后将身体挪入车内，这是很不雅的动作。下车时，待车门打开后，转身面对车门，同时将双脚慢慢移出车外，女士仍然需要双脚并拢，待双脚落地踩稳后，再慢慢将身体移出车外。

(2)注意安全。上车后，如果自己坐在副驾驶位置，需要将安全带系好；如果客户坐在副驾驶位置，需要提醒客户系好安全带。不能与驾驶员交谈或者分散驾驶员的注意力。上下车需要开车门时，应先注意观察周围车辆情况，一定要有足够的安全距离才能开启车门，下车后为客户打开车门，迎其下车，切勿疏忽大意，造成意外事故。

(3)注意卫生。车内是一个密闭空间，与客户接触过程中一定要注意个人卫生及车内环境卫生。乘车过程中，不往车外丢东西、吐痰，不能在车上抽烟、吃零食等，更不能携带有异味的物品上车，引起客户不适。

知识拓展

女士上下车姿势

上车时仪态要优雅，姿势应该为“背入式”，即将身体背向车厢入座，坐定后即将双脚同时缩进车内，坐端正后关上车门（如穿长裙，应在关门前将裙子整理好）。

下车时将身体尽量移近车门，立定，打开车门，将身体重心移至另一只脚，再将整个身体移离车外，最后踏出另一只脚（如果穿短裙，则应该将两只脚同时踏出车外，再将身体移出，双脚不可一前一后）。

随堂练习

根据学生人数进行分组，要求每组学生分别进行乘坐轿车礼仪的模拟演练及展示，老师进行现场指导。

三、谈判位次礼仪

作为销售顾问，首先应该明确谈判是一种互动，顾客能够要求进行价格的商谈，意味着顾客对我们的产品感兴趣，有成交的可能，价格商谈是对销售人员素质的全面考验。那么，在谈判中位次礼仪应该注意什么呢？

1. 双边谈判

双边谈判指的是由两方人士所举行的谈判。在一般性的谈判中，双边谈判是最常见的。

(1)举行双边谈判时,使用长桌或椭圆形桌子,宾主应分坐于桌子两侧。

(2)谈判桌竖放,应以进门的方向为准,右侧为上,属于客方,左侧为下,属于主方,被称为竖桌式座次排列。谈判人数较多的情况下,与横桌式座次排列相仿。如图 2-12 所示。

(3)谈判桌横放,面对正门的一方为上,应属于客方,背对正门的一方为下,应属于主方,被称为横桌式座次排列。如果谈判者为多人,双方主谈判者居中就座,各方的其他人应依其身份的高低,各自先右后左、自高而低地分别在己方主谈判者一侧就座。如图 2-13 所示。

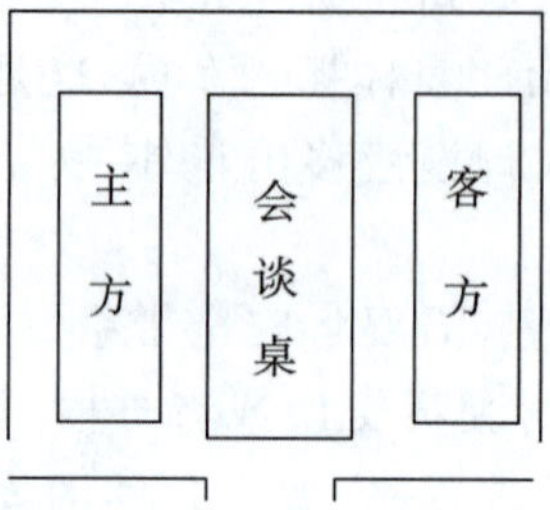

图 2-12　竖桌式会谈排位

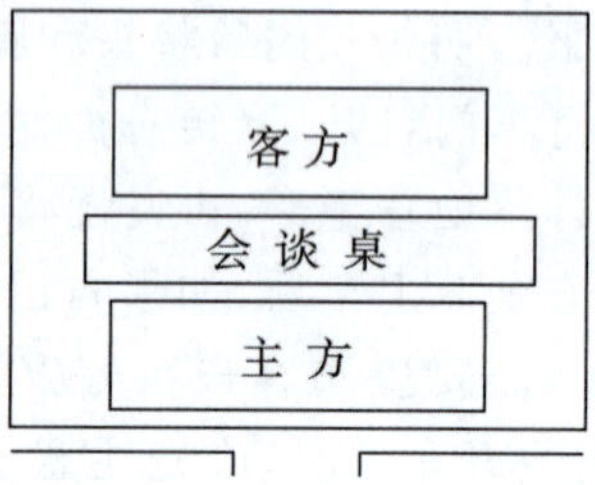

图 2-13　横桌式会谈排位

2. 多边谈判

多边谈判是指三方或者三方以上人士举行的谈判。多边谈判的座次排列有两种常规情况。

(1)自由式。自由式座次排列,即参加谈判的各方可自由择座,无须先正式安排座次。

(2)主席式。主席式座次排列,是在谈判室内面对房间正门设一个主位,谁需要发言,就到主位上去发言,其他人面对主位,背门而坐。各方代表发言后,亦须台下就座。

❀ 随堂练习

销售顾问小李接待了前几天来店看过车的张先生及单位人员一行 5 人,张先生表示这次来店打算为单位购买一批公务用车,事先已有意向车型,但还没有就价格和售后服务的具体问题进行进一步的沟通协商。接下来,小李请来了销售经理,双方就购买的具体细节进行谈判和协商,小李请张先生一行到洽谈区。销售顾问小李这时应该怎样安排座次才是合乎礼仪规范的?小组谈论并进行演示。

四、签字仪式位次礼仪

销售顾问与客户顺利达成购车意向后,不论是个人客户还是集团客户,我们都需要举行一个签字仪式,显示我们 4S 店对客户的重视,以提高客户的满意度。从礼仪上讲,举行签字仪式时,最基本的应该是举行签字仪式时座次的排列方式。此时,销售顾问就需要清楚举行签字仪式的基本程序和座次的排列方式。

1. 签字仪式的基本程序

销售人员需要具体操作签字仪式时,可以按照以下基本程序进行。

(1)宣布开始。此时,需要签字的各方人员应该先后步入签字厅,在各自既定位置就座。

(2)签署文件。首先签署由己方保存的文件,然后签署由他方保存的文件。

(3)交换文本。各方签字人此时应握手、互致祝贺;全场人员也应鼓掌表示祝贺。商务礼仪中,文件签署成功后,一般需要饮酒庆贺。从车辆驾驶的安全性考虑,车辆销售后的签字仪式可以省略这一环节。

2. 座次排列的具体方式

(1)并列式。并列式排座是举行双边签字协议时最常见的方式。基本做法是签字桌在室内面门横放。双方出席仪式的全体人员在签字桌之后并排排列,双方签字人员居中面门而坐,客方居左,主方居右。如图 2-14 所示。

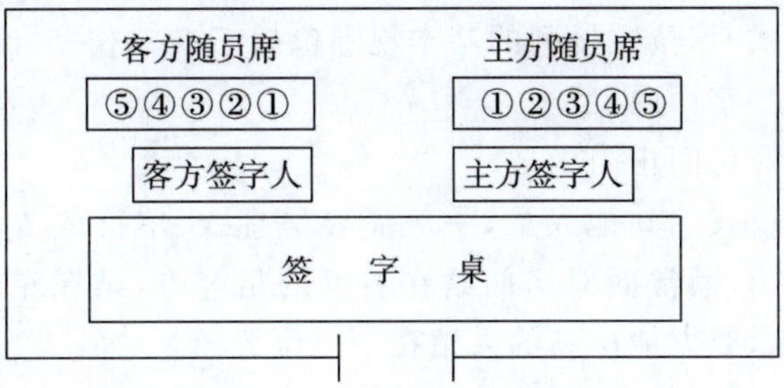

图 2-14　并列式座次排列

(2)相对式。相对式签字仪式的排座与并列式签字仪式的排座基本相同。两者之间的主要差别,只是相对式排座将双边参加签字仪式的随员席移至签字人的对面。如图 2-15 所示。

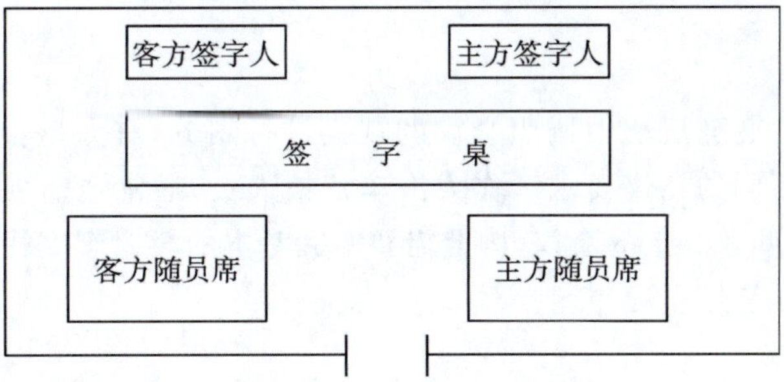

图 2-15　相对式座次排列

(3)主席式。主席式排座主要适用于多边签字仪式。其操作特点是:签字桌仍需要在室内横放,签字席设在桌后,面对正门,只设一个,并且不固定其就座者。举行仪式时,各方人员包括签字人在内皆应背对正门、面向签字席就座。签字时,各方签字人员应以规定的前后顺序依次走上签字席就座签字,然后退回原位就座。如图 2-16 所示。

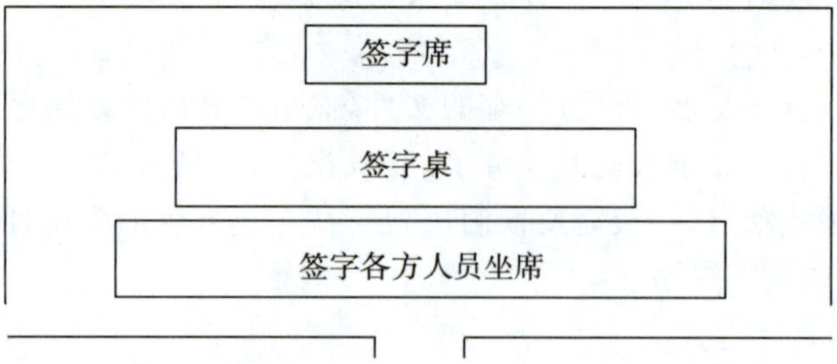

图 2-16　主席式座次排列

3. 位次排列的基本规则

(1)双边签字位次排列基本原则

举行双边签字仪式时，位次排列的基本规则包括三点。

①签字桌横放于签字厅内。

②双方签字者面对房间正门而坐。

③双方参加签字仪式的其他人员，一般需要呈直线、单行或者多行并排站立在签字者身后并面对房间正门，通常面对房门站在右侧的是客方，站在左侧的是主方。需要注意的是，中央高于两侧，双方地位高的人站在中央位置。

(2)多边签字位次排列基本原则

举行多边签字仪式时，位次排列的基本规则包括三点。

①签字桌横放于签字厅内。

②签字座席面门而设，仅为一张。

③参加签字仪式的其他人员，通常在签字者之后，遵循中央高于两侧，右侧高于左侧的位次原则。

五、会议座次礼仪

通常情况下，在商务活动中按照会议的规模进行划分，有大型会议和小型会议。不同规模的会议，有不同的礼仪要求。作为汽车营销人员，通常也需要安排一些相关的会议或者需要参加一些业务上的会议，因此需要掌握基本的会议座次礼仪。

1. 不同会议的座次

(1)小型会议

小型会议一般指参加者较少、规模不大的会议。

讲究面门为上，面对房间正门的位置一般被视为上座。

小型会议通常只考虑主席之位，遵循居中为上、以右为上的原则。

(2)大型会议

大型会议一般是指与会者众多、规模较大的会议。

会场上应设主席台与观众席，前者必须认真排座，后者的座次则可排可不排。大型会场的主席台，一般应面对会场主入口。

主席台座次的排列要求：前排高于后排、中央高于两侧、右侧高于左侧(商务会议)、左侧高于右侧(政务会议)。主席台必须排座次、放名签,以便领导同志对号入座,避免上台之后互相谦让。

2. 参加会议的礼仪

(1)一般与会者礼仪

会议之前,守时、仪表整洁、举止得体是最基本的礼仪要求。与会人员一般要在会议开始之前五六分钟进入会场,不能迟到,否则会被视为对会议不重视或者是对与会人员不尊重。确有其他原因迟到的,要向主持人及与会人员点头致歉。参加会议时,要着正装,穿着不可过于随意,坐姿要端正,不可东倒西歪或趴在桌子上。此外,如果会议开始前主席仍未介绍与会人士,也可伸手与左右相邻的人握手进行自我介绍。

会议进行时,与会人员要保持安静,认真倾听报告或者他人发言,择要做好记录,这对深入体会和准确传达会议精神有很大帮助。携带手机进入的应该将手机调至振动或者静音状态。会议中,如果需要发言,应该先举手,这是发言的礼貌;在大型会议上发言时,需要准备充分,态度谦虚,发言要遵循会议组织者规定的时间,发言结束要向听众致谢并欠身施礼。

会议结束后,与会人员要按顺序依次离开会场,不能拥挤或者横冲直撞。

(2)其他会议参加者礼仪

其他会议参加者包括主席台就座者、会议发言人、会议来宾等。他们除了要遵循一般与会者遵循的礼仪之外,还有一些特殊的礼仪需要遵从。

主席台就座者礼仪。进入主席台时,应该井然有序;如果此时参加会议人员鼓掌致意,主席台就座者也应该微笑着鼓掌作答;有些会议,主席台长桌上已经注明就座者姓名,应该按照会议引导人员的引导准确入座。会议进行中,主席台就座者应该认真倾听发言人发言,不能交头接耳,更不能擅自离席,确有重要或者紧急事务需要提前离开会场的,应该跟主持人打招呼,最好征得其同意后再行离开。

会议发言人礼仪。对于发言人而言,其礼仪主要在于要遵循发言秩序。发言时应该调整好语速和音量,以会场中所有人都能听清为宜。发言或者报告要使用普通话,发言过程中应注意与会者的反应,根据情况对发言内容做出调整。发言或者报告结束时,应向全体参加人员表示感谢。

来宾礼仪。对于会议来宾而言,应该遵循“客随主便”的习俗,听从会议组织者的安排,做到举止端庄,行为有度。

❋ 随堂练习

某汽车公司销售部经理张亮要来4S店调研,并需要召开一次小型会议。4S店销售总监王伟需要向张经理汇报店内车辆的营销情况、销售过程中的问题、客户关注点等诸多事项,为此安排销售顾问小李布置会议场地,并收集销售顾问在销售过程中遇到的问题及客户关注点。

请思考:

销售顾问小李这时应该怎样安排座次才是合乎礼仪规范的?小组谈论并进行演示。

六、会客座次礼仪

汽车销售顾问接见客户时，应该恭请顾客就座于上座。会客时的座次安排大致有4种。

1. 相对式

相对式主要用于公务性会客，销售顾问在工作过程中可以灵活使用，具体做法是宾主双方面对面而坐。

(1)双方就座后，一方面对正门，另一方背对正门，此时讲究“面门为上”，即面对正门之座为上座，应请客人就座；背对正门之座为下座，销售顾问就座。如图2-17所示。

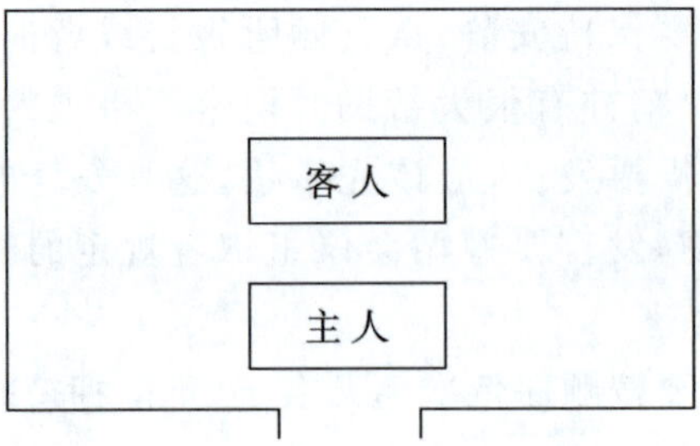

图2-17　相对式座次排列(1)

(2)双方就座于室内两侧，并且面对面就座，此时讲究“以右为上”，即进门后右侧之座为上座，应请客户就座；左侧之座为下座，宜由主人就座。当宾主不止一人时，也应按此规则安排就座。如图2-18所示。

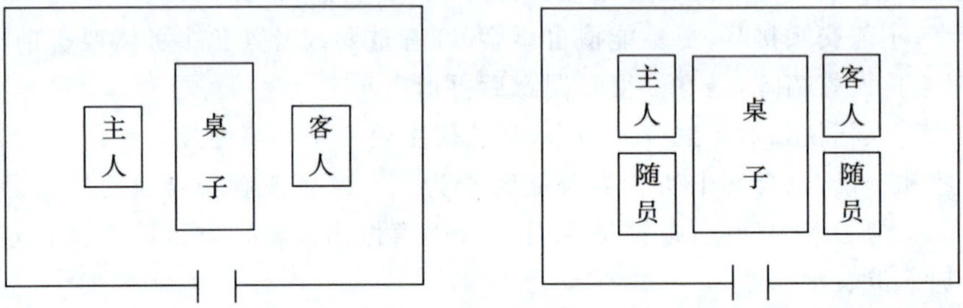

图2-18　相对式座次排列(2)

2. 并列式

并列式基本做法是宾主双方并排就座，以暗示双方“平起平坐”、地位相仿、关系密切，适用于日常交往。

(1)双方一同面门而坐。此时讲究“以右为上”，即主人应该请客人坐在自己的右边，若双方不止一人时，双方的其他人员可各自分别在主人或主宾的一侧，按身份高低依次就座。如图2-19所示。

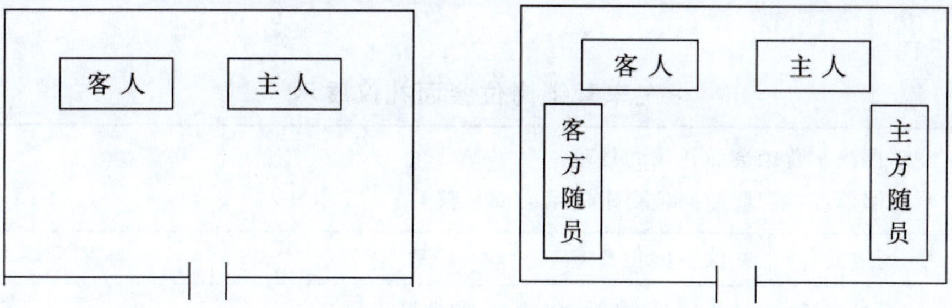

图 2-19　并列式座次排列(1)

(2)双方一同在室内右侧或者左侧就座。此时应讲究“以远为上”,即距离门较远之座为上座,应该让给客人;距门较近之座为下座,应留给主人。如图 2-20 所示。

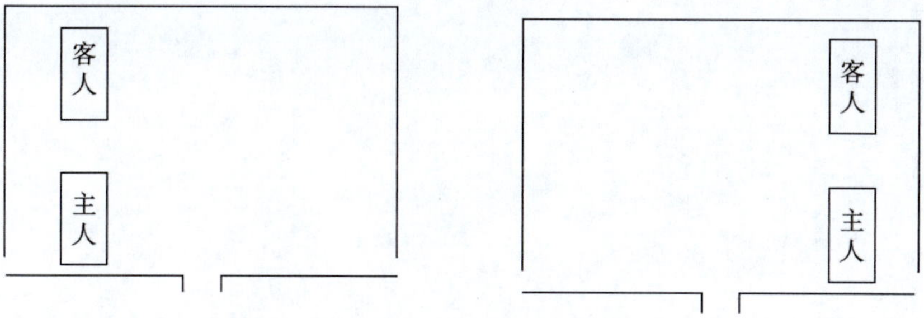

图 2-20　并列式座次排列(2)

3. 主席式

主要适用于正式场合,大多用于主人一方同时会见两方或两方以上客人。此时主人面对正门而坐,来宾则应在其对面就座,有时主人也可坐在长桌或椭圆桌一端,而请客人分坐于其两侧。如图 2-21 所示。

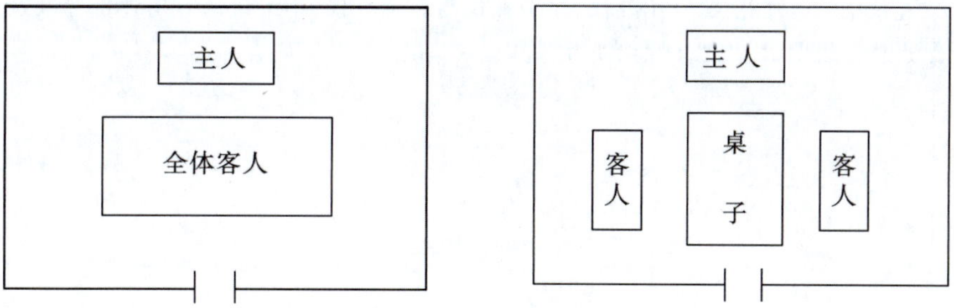

图 2-21　主席式座次排列

3. 自由式

自由式的座次排列,即会见时宾主双方不分主次,不讲位次,自由择座。主要适用于进行多方会晤时。

★礼仪技能训练

汽车营销岗位会面礼仪展示

<table>
<tr><td>实训目标</td><td colspan="2">掌握汽车营销会面礼仪的规范
能够熟练按照职业岗位要求展示会面礼仪</td></tr>
<tr><td rowspan="2">实训准备</td><td>场地准备</td><td>礼仪一体化教室</td></tr>
<tr><td>工具准备</td><td>场景道具、名片、化妆品、职业装束等</td></tr>
<tr><td>汽车营销会面礼仪职业规范</td><td colspan="2">小组讨论，明确汽车营销岗位人员需要的称呼、介绍、名片、握手礼仪等职业规范并记录如下：</td></tr>
<tr><td>任务实施</td><td colspan="2">按照汽车营销会面礼仪规范，接待进店看车的客户王先生，在接待过程中充分利用会面礼仪中的称呼礼仪、介绍礼仪、握手礼仪与名片礼仪，小组讨论写出评价标准及话术，并进行分组展示，其他小组给予互评并记录</td></tr>
</table>

续表

考核评价					
评价项目		称呼礼仪	介绍礼仪	名片礼仪	握手礼仪
评价标准					
第 1 组					
互评记录	优点				
	缺点				
第 2 组					
互评记录	优点				
	缺点				
第 3 组					
互评记录	优点				
	缺点				
第 4 组					
互评记录	优点				
	缺点				
自评反思					

汽车营销位次礼仪展示

实训目标	掌握汽车营销位次礼仪的规范 能够熟练按照职业岗位要求展示位次礼仪	
实训准备	场地准备	礼仪一体化教室
	工具准备	谈判桌、椅子、化妆品、职业装束等
汽车营销位次礼仪职业规范	小组讨论，明确汽车营销岗位人员需要的位次礼仪职业规范并记录如下：	

续表

任务实施	按照汽车营销位次礼仪规范，接待进店看车的客户王先生一行5人。充分利用引领的位次礼仪为客户进行环车介绍，引领客户到会谈区后合理运用谈判位次礼仪引导客户入座，商酌价格等事宜后，带领客户办理完相关手续，然后举行签字仪式，送客户离开 讨论上述情景中用到的位次礼仪，小组讨论写出相应话术，并按照位次礼仪的要求进行小组展示			
考核评价				
评价项目	称呼礼仪	介绍礼仪	名片礼仪	握手礼仪
评价标准				
第1组				
互评记录	优点			
	缺点			
第2组				
互评记录	优点			
	缺点			
第3组				
互评记录	优点			
	缺点			
第4组				
互评记录	优点			
	缺点			
自评反思				

★学习评价

通过对本项目的学习，你掌握了多少礼仪小知识呢？下面来测一测吧！

选择题

1. 公务式自我介绍需要包括以下四个基本要素（　　）。

A.单位、部门、职务、电话　　B.单位、部门、地址、姓名

C.姓名、部门、职务、电话　　D.单位、部门、职务、姓名

2. 介绍他人时，不符合礼仪的一项是（　　）。
A.介绍长辈与晚辈认识时，应先介绍晚辈，后介绍长辈
B.介绍女士与男士认识时，应先介绍男士，后介绍女士
C.介绍已婚者与未婚者认识时，应先介绍已婚者，后介绍未婚者
D.介绍来宾与主人认识时，应先介绍主人，后介绍来宾
3. 握手时不符合握手礼仪的行为有（　　）。
A.用左手　　B.戴墨镜
C.使用双手与异性握手　　D.时间不超过三秒
4. 关于握手的礼仪，描述不正确的有（　　）。
A.先伸手者为地位低者
B.客人到来之时，主人先伸手；客人离开时，客人先握手
C.下级与上级握手，应该在下级伸手之后再伸手
D.男士与女士握手，男士应该在女士伸手之后再伸手
5. 送名片是用（　　）。
A.双手或者用右手　　B.双手
C.右手　　D.左手
6. 以下做法不正确的是（　　）。
A.一位男士把自己的名片递给一位女士。该男士走向女士，右手从上衣口袋取出名片，两手捏其上角，正面微倾递上
B.一位女士把自己的名片递给一位男士。该男士双手接过，认真默读一遍，然后说道："××经理，很高兴认识您！"
C.一位男士与一位女士见面，女士首先伸出手来与男士相握
D.一位青年男士与一位中年男士握手，中年男士首先伸出右手，青年男士与之相握，双方微笑、寒暄
7. 在没有特殊情况时，上下楼应（　　）行进。
A.靠右侧单行　　B.靠左侧单行
C.靠右侧并排　　D.靠左侧并排
8. 公务用车时，上座是（　　）。
A.后排右座　　B.副驾驶座
C.司机后面的座位　　D.以上都不对
9. 接待高级领导、高级将领、重要企业家时人们会发现，轿车的上座往往是（　　）。
A.后排左座　　B.后排右座
C.副驾驶座　　D.司机后面的座位
10. 会客时上座位置排列的几个要点是（　　）。
A.面门为上、以右为上、居中为上、前排为上、以远为上
B.面门为下、以左为上、居中为上、前排为上、以远为上
C.面门为上、以左为上、居中为上、后排为上、以远为上

D.面门为上、以右为上、居中为上、前排为上、以近为上

11.(多选)商用名片讲究“三个三”,以下属于这“三个三”内容的有(　　)。

A.商用名片要有企业标识、企业全称、企业部门

B.商用名片要提供本人称谓:姓名、行政职务、学术头衔

C.商用名片的交换三原则是交换索取、双手送上、注视接受

D.商用名片通常只能提供三种联络方式:企业所在的详细地址、邮政编码、办公电话。

12.(多选)对于汽车上座描述正确的有(　　)。

A.社交场合:主人开车,副驾驶座为上座

B.商务场合:专职司机,后排右座为上(根据国内交通规则而定),副驾驶座为随员座

C.双排座轿车的上座为司机后面的座位

D.在有专职司机驾车时,副驾驶座为末座

13.(多选)关于握手的礼仪,描述正确的有(　　)。

A.先伸手者为地位低者

B.客人到来之时,主人先伸手。客人离开时,客人先握手

C.忌用左手,握手时不能戴墨镜

D.男士与女士握手,男士应该在女士伸手之后再伸手

E.不要戴帽子,不要戴手套握手

F.下级与上级握手,上级应该在下级伸手之后再伸手

项目三

汽车营销环车介绍礼仪

汽车营销中的环车介绍，是汽车销售中一个比较规范化的汽车产品展示流程。环车介绍的目的是将产品的优势与用户的需求相结合，在产品层面建立起用户的信心。销售人员在向客户介绍汽车产品的过程中，通过真诚的目光、亲切的表情、端庄的仪态、规范的举止、良好的语言等，围绕汽车的不同方位，向客户介绍车的各个部位的功能、配置、特性、给客户带来的好处等。因此，销售人员的举止也能极大提升服务品质和档次。一个人的外表容貌和行为举止不仅体现美观，更重要的是能够体现一个人的道德修养、文化水平、职业态度。

★学习目标

素质目标

通过对营销人员的表情、仪态、举止的学习和实践，对每一个细节都追求卓越，体会敬业、诚信、友善的职业精神，并树立品牌意识。

知识目标

掌握汽车营销环车介绍中的表情、仪态、举止的礼仪标准和使用规范。

能力目标

能在汽车营销的环车介绍工作流程中，通过对目光、表情、仪态、举止、语言等综合运用，提供专业化的环车介绍服务，塑造良好的个人形象和企业形象，彰显服务品质。

★学习任务

任务一　环车介绍中的表情礼仪

【任务情境】

刘女士对××国产汽车的外形、品牌和良好的操控性都很满意，但在决定购买这款车之前，她还看中了另外一个品牌的一款车，两款车可谓各有优势，令人难以取舍。但是在去过××国产品牌4S店两次之后，刘女士内心有了明确的答案，即自己要购买这款国产车。

刘女士先去了另一汽车品牌4S店，在对一款热销车咨询时，傲慢的销售人员只轻轻挥了下手说："这个车没货，要买就加价2万元。"刘女士愕然地看着他问："我可以等，预定行吗？"销售人员却转身就走，在离去之前甩下一句话："不接受预定。"这让刘女士瞠目结舌。

在××国产品牌4S店，销售人员不厌其烦地为她介绍车的性能、特点，其间还有工作人员询问她需要什么饮料，她点了一杯咖啡。当咖啡端上来时，她完全被这个品牌、这款车和这个4S店"俘虏"了，多处服务细节足以让她对未来的服务充满期待和信心。

在充分了解了车辆的性能、价格后，刘女士又在销售人员邀请下进行了试驾，感到非常满意。她迅速下了决心购买。

之后，刘女士不止一次地向她的朋友提起这次购买经历，特别是销售人员热情洋溢的微笑、周到的讲解答疑和注重细节的服务都给她留下了深刻印象。

请思考：

1. 刘女士购车时本打算在××国产车与另外一个品牌的一款车之间选择，为什么最终选择了这款国产车？

2. 销售人员热情洋溢的微笑和注重细节的服务，带给了刘女士怎样的购车体验？

【相关知识】

一、环车介绍中的微笑礼仪

销售人员的微笑不但要亲切、怡和，带给客户春天般愉悦舒心的感受，同时还要符合行业规范。

(一)微笑要发自内心

我们在销售工作中往往因为过多注重微笑的方法而忽略了微笑的初衷，只有发自内心的微笑才能够打动客户，引起共鸣，如图3-1所示。

图 3-1　微笑礼仪

发自内心的微笑，是来自眉宇、身体和心情的配合，面部的表情和谐统一，才会令人感觉亲切。单纯的嘴部动作不能展现生动的微笑，真正动人的微笑，遮住嘴部仍可以看到微笑的眼睛。所以，微笑不是简单的颧肌运动，不是单纯的嘴角提升，而是要发自内心的。语言亲切、身体谦恭，表情才能够自然动人。

希尔顿说过："微笑是属于客户的阳光。"受阳光沐浴的客户当然不会忘记温暖着他们的太阳。

(二)汽车销售中微笑的注意事项

1. 微笑时要注意口、眼、眉等结合，做到发自内心地真笑，这样才会让人感觉舒适、容易接受，如图 3-2 所示。

图 3-2　发自内心的微笑

2. 微笑要与自己的神情、仪态、举止和谐一致，这样才能达到完美统一的效果。

3. 时刻保持良好的服务意识。以发自内心的微笑服务，让客户感受到主动和积极。

4. 具有较高的个人礼仪修养，不要把微笑只留给上级、朋友、目标客户等少数人，应用自己的热情感染每个人，尤其是我们所接待的每一位客人。

5. 充分把握微笑的时机，并不是任何场合都适合微笑，当客户生气、投诉或遭遇尴尬时，销售人员切忌盲目微笑，那样只会适得其反，让客户误以为是在嘲笑他。

视频 3-1 微笑练习

随堂练习

根据微笑礼仪的学习内容，两人一组，互相对照训练。

1. 播放轻松愉快的音乐，带动愉快的情绪。

2. 双手食指放在嘴角边，向脸的上方轻轻上提，一边上提，一边使嘴角充满笑意。

3. 双手把脸挡住，两两相对时，打开双手并露出开心的微笑，体会微笑时的互动带给对方的体验。

二、环车介绍中的眼神礼仪

在五官中，眼睛的传达力和表现力是最强的，目光可以传递欣喜、关注、蔑视、担忧、愤怒、惊奇、厌恶或是不安等多种情绪。作为汽车销售人员，需要对目光交流进行有效的训练和必要的规范。

(一)汽车销售中适当的目光交流是对客户的尊重

眼睛是心灵的窗户，是展示心理活动、传递信息和思想的媒介，更是人与人之间感情交流与沟通的途径。是否注视过客户与服务质量有重要的关联。除了“礼貌用语”“微笑服务”“专业知识”等，目光也是一种非常重要的服务语言，甚至比其他的服务技能更加容易打动客户。

(二)视线表达的规范

优秀的销售人员不仅应善于运用目光为客户提供服务，还应该能够规范而科学地使用目光语，如图 3-3 所示。

图 3-3 注视礼仪

1. 要注意视线接触的向度

视线的向度，其实就是目光的方向。我们比较喜欢的是平视，这样可以使交流也如目光的这条线路一样直接而顺畅。仰视和俯视都会使双方的心理产生距离。虽然有时俯视不会令我们难堪和不安，但通常是对小孩子表达的爱怜和关怀。在成年人的交往中，平视是最好的方式。

2. 要把握视线接触的长度

在服务场合与客户交流要注意目光接触时间的长短。如果在交往中对方很少关注你，而且注视你的时间不超过整个相处时间的30%，说明这个人不在乎你。同样的道理，如果你是一个领导和长辈，在与下属或晚辈见面时，应和其多一些目光的接触，这对鼓励他有很大的作用。对客户更是如此，目光长时间的接触可体现对客户的关怀，同样他也会受到你良好情绪的感染，进而对你和你的公司抱有兴趣。

3. 要控制视线接触的位置

一般来说，在初次相见或最初会面的短暂时间内应注视对方的眼睛，但如果交谈的时间较长，可以将目光迂回在眼睛和眉毛之间，或随着手势而移动视线。千万不要直接生硬地一直看着对方，这表达的通常是审视、挑剔和刁难。如果长时间盯着对方一个地方看，可能还会造成误解，对方会以为自己脸上有什么不妥当的地方，比如妆容乱了或是脸上有东西等，无端给对方造成压力。

4. 要善用目光的变化

一般与对方目光接触的时间是与对方相处的总时间的1/3，每次看别人的眼睛保持在3秒左右，这样对方会感觉到比较自然。在向服务对象问候、致意、道别的时候都应面带微笑，用柔和的目光去注视对方，以示尊敬和礼貌。要目光柔和地注视对方的脸，而不是单单注视，否则会让人感觉不友善。也不能从脚底看到头顶地反复打量对方，即便对方的穿着有不得体的地方，也应该使目光尽量柔和，变化时不着痕迹。“散点柔视”是与客户交流时非常得当的目光运用，也就是将目光柔和地投射到对方脸上，而不是在某一点凝聚。

(三)注视的区域

1. 谈判注视的区间范围

在接受和处理客户投诉、异议及与客户谈判时，一般注视客户的区间范围为其眉心至双肩这一大三角。注视范围较为宽阔，可以避免产生咄咄逼人的感觉，能够营造宽松的交流氛围。目光过于紧凑或集中在双眼之间常常会使客户感觉到一种受到强势对待的压力。

2. 服务交往注视的区间范围

在服务场合与客户交往时，一般注视其两眼至鼻子这一倒三角范围。这样可以营造一种平等、亲切和轻松的交往气氛，有利于双方的交流，既不会使客户产生被怠慢的感觉，又可以使客户感受到必要的尊重和关注。

3. 对熟悉客户注视的区间范围

在与熟悉客户交往时，一般注视其眉心至嘴部这一三角范围。这是特指具有亲密关系的人群注视范围，如非常熟悉的常客或VIP客户。嘴唇是人体外露的一个比较性感的器官，除非很熟悉的客户、同性的客户、年龄相差很大的客户，否则轻易不要在与人交流的时候注视对方的嘴唇。

人们常说眼睛是心灵的窗户，作为销售人员，一定要把这一扇帮助我们传达内心情感的窗户擦拭得明亮光洁，让它为我们的服务构筑一条顺畅明亮的通道。有时，表情和身体语言更能流露出一个人的素质。服务更是如此，提升品质，绝不仅仅是拥有挺括的制服和良好的语言技巧就可以了，目光语言的表达力量同样不容忽视。

眼神是一种独特的语言，虽然不言不语，但能让我们的表达更到位。所以拿捏得当的服务目光是我们在与客户交往过程中极好的润滑剂。

❋ 随堂练习

对镜练习法：对镜练习的目的是将眼神综合定位，用不同的眼神表达欢迎、高兴、惊讶、遗憾、感叹、不舍等情感，在练习中注意观察细微的变化，比如眼球的转动方向、眼皮开合的大小、眼皮眨动的速度、目光的集中程度和持续的时间长短，在镜子中观察，寻找积极向上且富有感染力的目光。

❋ 知识拓展

汽车销售人员接待的“4S”法则

在客户接待和环车介绍的工作流程当中，汽车销售人员往往把握不好目光注视的时机和微笑的次数，在这里我们给出了在工作实践中可量化的工具：“接待的 4S 法则”。“4S”是四个以 S 开头的英文单词的缩写，按照顺序依次是 Stand（站立）、See（注视）、Smile（微笑）、Speak（讲话）。

1. Stand（站立）

当客户距离自己 3 米的时候，汽车销售人员就要“Stand”，主动迎向客户，如图 3-4 所示。

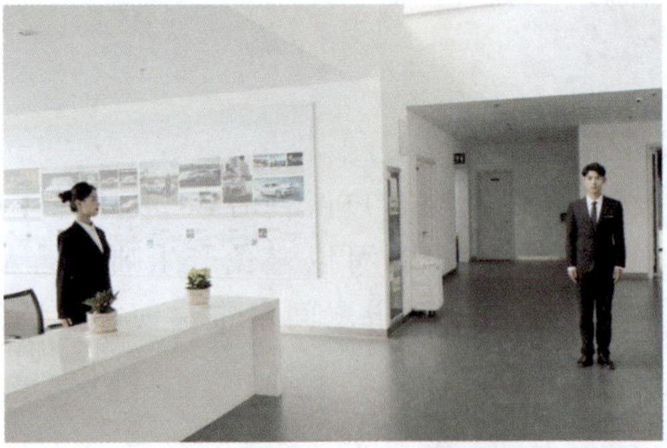

图 3-4 “4S”法则第一步：“Stand”

2. See（注视）

当客户距离自己 2 米的时候，汽车销售人员就要“See”，目光注视客户，如图 3-5 所示。

图 3-5 “4S”法则第二步：“See”

3. Smile(微笑)

当客户距离自己1.5米的时候，汽车销售人员就要“Smile”，面向客户露出甜美、亲切的微笑，如图3-6所示。

图 3-6 “4S”法则第三步：“Smile”

4. Speak(讲话)

当客户距离自己1米的时候，销售人员需要停下来，面对客户，在保持“See”和“Smile”的同时“Speak”，开口问候客户并进行沟通，如图3-7所示。

图 3-7 “4S”法则第四步：“Speak”

对于接待的“4S法则”，需要反复进行练习，以便在使用的过程中熟练、流畅地加以运用，让客户感受到我们的真诚、主动和专业。

任务二　环车介绍中的仪态礼仪

【任务情境】

2009 年 11 月 16 日，美国总统奥巴马在上海科技馆与中国青年举行对话。第二天，网上以“奥巴马背后的神秘黑衣女子”为题，发布了现场一位女士的一组优雅仪态照，一时间国内各大网站、电视节目甚至国外的媒体争相转载、报道，这位女士也因此成了网络名人，而原因仅仅是她在现场优雅的举止吸引了媒体记者的注意力。

请思考：

优雅的举止能反映个人良好的礼仪修养，彰显个人魅力。在公共场所拥有优雅的仪态更能代表组织、国家的形象，获得别人的好评，增强我们的民族自信心和自豪感。

美国学者艾伯特·梅拉比安在多年研究后认为：信息的传递＝语言＋语音＋形体。其中语言（即有声语言）占 7%，语音（语调、音频、音色、语速等）占 38%，形体（面部各器官及身体姿势等）占 55%。

由此可见，人在交往和沟通中要时时注意自己的仪态礼仪，向别人递好这张无形名片。人的仪态礼仪是指外显的可观察的动作或身体各部分呈现出的姿态上的礼仪规范。汽车销售人员的仪态礼仪包括站姿、坐姿、行姿、蹲姿等。

【相关知识】

一、站姿

人际交往中，对站姿的要求是“站如松”，即站得要像松树一样挺拔。

（一）站姿的基本要领

身体站正，保持头正、肩平、下颚微收、面带微笑、胸微挺、收腹、双臂自然下垂、两腿站直，如图 3-8 所示。

图 3-8　女士基本站姿

（二）女士的基本站姿

女士站立时，双脚并拢或呈V形，身体正面面对客人，膝盖和脚后跟要靠紧，两脚张开的距离小于15°，如图3-9所示。迎宾站立时，双脚呈"T"形，即一只脚的脚后跟靠在另一只脚的脚踝处，两脚分开大约45°，身体略微侧对客人；双臂自然下垂，双手在体前交叉，左手在下，右手在上，如图3-10所示，便于随时引领客人。站立时，不管采用哪种站姿，一定要注意把握好站姿的基本要领，即头正、肩平、躯挺、下颌微收、面带微笑、挺胸、收腹、提臀，注意保持身体的美感，注意力集中。

图3-9　交谈站姿

图3-10　迎宾站姿

（三）男士的基本站姿

男士站立时，双脚呈V形分开，两脚尖距离约为30°，双脚与肩同宽，身体收紧，如图3-11所示。切忌出现松垮现象，要给人稳重挺拔的感觉。交谈时可以双臂自然下垂，双手在体前交叉，右手握拳，左手握在右手手腕处，如图3-12所示。

图3-11　男士基本站姿

图3-12　前握式站姿

（四）站立礼仪禁忌

（1）忌懒洋洋地倚靠物体站立，尤其在工作状态下，切忌神态懒散。

（2）忌双手环抱胸前，叉腰或将手插入衣袋站立。

(3)忌站立时跨腰、弯腿、低头,脚在地上动来动去。

(4)工作场合忌站立时东张西望或下意识地做小动作。

(五)不良的站姿

不良的站姿主要包括:(1)身躯歪斜;(2)弯腰驼背;(3)趴伏倚靠;(4)双腿大叉;(5)脚位不当;(6)手位不当;(7)半坐半立;(8)浑身乱动。

视频 3-2　站姿练习

随堂练习

根据站姿的学习,分别请两组同学上台展示迎宾站姿和交谈站姿,用学习通随机抽取几名同学现场点评两组同学动作的优点和不足之处,并说出正确的站姿标准。

二、坐姿

人际交往中,对坐姿的要求是“坐如钟”,即坐得要像钟一样稳重、端正。

(一)坐姿的基本要领

走到座位前,自然转身,右脚后撤半步,膝弯轻轻碰触椅子前端;入座时,动作要轻,上身保持端正,避免翘起臀部;就座后,上身自然坐直,头部端正,面带微笑,下颚微收,双腿自然弯曲,双脚平落地面,双膝并拢(女士)或稍微分开(男士)。离座时,右脚先向后收半脚,然后站起,站起时动作要轻、稳。

(二)女士的基本坐姿

1. 标准式

上身挺直,双肩正平,两臂自然弯曲,两手交叉叠放在两腿之间;两膝并拢,小腿垂直于地面,两脚尖朝向正前方(如图 3-13 所示)。与人交谈时,若对方坐在你的正对面,则一般不要用标准式,因为这样正面对坐会产生压迫感。而且,若女士穿短裙,正面对坐容易露出腿部较多,让人感觉尴尬。

图 3-13　标准式坐姿

2. 屈直式

在标准式的基础上，一只脚前伸，另一只脚屈回，大腿紧靠，两脚脚掌着地，双脚前后要保持在一条直线上，如图 3-14 所示。

图 3-14　屈直式坐姿

3. 侧坐式

侧坐式可分为左侧坐式和右侧坐式。以右侧坐式为例，在标准式的基础上，两小腿向右侧斜出，两膝并拢，两脚并在一起，脚掌落地。坐一段时间后，可调换方向，避免劳累，如图 3-15 所示。

图 3-15　侧坐式坐姿

4. 重叠式

在标准式的基础上，一条腿向前提起，腿窝落在另一条腿的膝关节上（如图 3-16 所示）。注意上边的腿要向里收，不要向前伸，脚尖要朝下，避免朝上，更不要来回晃动。但应注意，晚辈、下级与长辈、上级，或者服务人员跟客人谈话时采用重叠法是极不礼貌的行为。

图 3-16　重叠式坐姿

5. 前交叉式

在前伸式的基础上，右脚后缩与左脚交叉，两脚踝关节重叠，两脚尖着地，如图 3-17 所示。

图 3-17　前交叉式坐姿

（三）男士的基本坐姿

1. 标准式

男士标准式坐姿的要求是：上身挺直，双肩正平，两臂自然弯曲，两手分别放在两腿上，手掌五指并拢，指尖斜向内 45°；两膝分开，分开的距离不要超过肩宽，通常以并排放上两个拳头为宜；上身和大腿、大腿和小腿都成直角，小腿垂直于地面，两脚尖朝向正前方。如图 3-18 所示。

图 3-18　男士标准式坐姿

2. 屈直式、侧坐式、前交叉式

同女士坐姿要求基本一致，只是大腿可以不必紧靠，两腿之间分开的距离不宜超过并排两个拳头。

3. 重叠式

同女士坐姿要求基本一致(如图 3-19 所示)。但应注意，在社交场合，绝不要一开始便使用这一姿势，因为会给人以显示自己地位和优势的感觉。叠腿且晃动脚尖则更显得目中无人和傲慢无礼。

图 3-19　重叠式坐姿

(四)人际交往中坐姿的禁忌

(1)就座时，不要倚靠椅背，屁股坐在椅面 2/3 处。

(2)就座时，动作要轻，不要猛地蹲坐，影响别人。

(3)女士就座时，双腿不可叉开太大，特别是穿裙装时更应注意。

(4)就座后，双腿不要直伸出去，那样既不雅也妨碍别人，身前如果有桌子，双腿尽量不要伸到外面。

(5)坐在别人面前时，切忌抖腿或晃腿，不仅会让人心烦意乱，而且也给人不安稳的印象。

(6)在公共场所(如影院、会场等)落座后，不要趁人不注意就脱下鞋子，这是对周围人非常不尊重的举动。

随堂练习

小组比赛：每个小组根据音乐的节奏，对入座、落座、坐姿串联进行完整的展示，根据小组的整齐度和标准度进行打分，评出坐姿最优小组。

三、行姿

人的仪态礼仪中，行姿是最难纠正的。一般来讲，站姿、坐姿、蹲姿以及手势等动作都容易统一，但人的行姿因年龄、体态、性格甚至遗传基因等差异而呈现出千姿百态，所以行姿的纠正需要付出很大的努力。总的来讲，对行姿的要求是“行如风”，当然不是指走起路来像风一样快，而是指要像风一样轻盈、稳健。

（一）行姿的基本要求

从礼仪的角度来讲，行走时应步伐稳健，步履适度、自然；起步时，上身微前倾，身体重心放在前脚掌上；行走时，上身正直、头正、肩平、目视前方、面带微笑、双肩放松、双臂随步伐自然摆动、挺胸收腹、立腰；行走过程中应走右侧，见到客人应主动问候致意。

（二）女士的行姿要求

在工作、生活乃至社交场合，远远走过来，别人首先注意到的是走路姿态。女士轻盈、优雅的行姿会给客人留下良好的第一印象。女士的行姿除要遵循基本要求外，还应注意把握好步位、步度与步高。所谓步位，就是脚落到地上时的位置。女士走路时，应尽量走“一字步”，即两只脚一前一后，要走在一条直线上。行走时挺胸、抬头、收腹，随着步伐臀部自然摆动，展现女性的优雅美，但不能扭捏做作，更不能夸张，像时装表演一样。同时，手臂自然摆动，身体所呈角度不宜超过15°。步度是指跨步时两脚之间的距离。一般来讲，步度应该是一个脚长的距离。步高即行走时脚所抬的高度。行走时脚抬太高，会让人感觉很不舒服，离地面太近，又让人感觉没有朝气、无精打采，应适当控制在5～10厘米。掌握好步位、步度与步高，可以使女性的行姿优雅且充满魅力，如图3-20、3-21所示。

图3-20　女士行姿

图3-21　女士行姿

（三）男士的行姿要求

男士的行姿应给人以稳健、踏实的感觉。男士走路时也应掌握好步位、步度与步高。

步度、步高与女士走路时的要求基本一致，男士行走时的步位要求是两只脚左右平行，两脚之间的距离以并排放上两个拳头为宜，如图 3-22、3-23 所示。

图 3-22　男士行姿

图 3-23　男士行姿

(四)行姿的注意事项

1. 在公共场合，应靠右行走。

2. 在工作环境中，两个以上工作人员一起行走时，应前后排成一行，注意距离适当，不应并排走。日常生活中几个朋友一起，行走在道路比较狭窄的公共场合，也应注意不要并排走，应礼让他人先行。

3. 行走时遇到客人，应在相隔 1 米远的右侧靠边位置站住，面带微笑，自然注视客户，主动向客户问候并点头致意礼，让客人先走，待客人通过后再走。

4. 前面有客户并排走时，不可从客户中间穿过。如遇有急事需要超过客人，应趋前先示意客人，表示歉意并迅速通过。

5. 与客户面对面交谈时，应站在 1 米以外的位置，交谈完毕需离开时不应立即转身，应先弯腰点头致意，然后左脚退后一步，并顺势向右侧转身，再退右脚，与客户拉开一定距离后再完全转身。这样做一方面没有直接将背影朝向客户，表示对客户的尊敬；另一方面也是服务过程中的一种自我保护。到门口时，应转身面对客户环视，退出房间。

视频 3-3　行姿练习

随堂练习

小组比赛：播放有关进行曲速度的音乐，每个小组根据音乐的节奏，进行行姿的练习，根据小组的整齐度、前后距离的均匀和速度的稳定度进行打分，评出行姿最优小组，记入平时成绩。

四、蹲姿

日常生活中，当我们取低处物品时，总是习惯弯腰、低头、撅屁股，然后捡起，这个动作看起来非常不雅观，尤其对于穿裙装的女士更为不雅。汽车销售人员注重优雅仪态是做好销售工作的必需，因此，从业人员应该很好地掌握蹲姿的基本要求，并在日常工作、生活中不断实践。

蹲姿的基本要求是：走到要拿取的物品旁边，或蹲或屈膝，以一膝微曲作为支撑点，两脚前后分开；身体下蹲时保持直立，不要翘臀；拿取物品时，上身微弯，保持优雅的姿态，拿起地面上的物品。如图 3-24、图 3-25 所示。

图 3-24　女士蹲姿

图 3-25　男士蹲姿

视频 3-4　蹲姿练习

五、服务手势

手势是在汽车销售场合经常用到的一种姿态，能够传达丰富的服务内涵。

（一）手势的作用

1. 指示方向

当客户来到汽车 4S 店时，销售人员需要迎接客户并了解客户需求，及时引领客户。

2. 沟通交流

优秀的汽车销售人员在与客户交流时，绝不仅仅是依靠语言来进行服务，而是需要借助多种表达方式来为客户提供更多周到的服务。其中也包括手势和表情。

3. 提升形象

汽车销售人员大多非常注重个人形象，因为他们是企业与客户交往中展示的一张企业名片，而手势无疑是销售人员在与客户交往中最经常使用的体态语，运用得体规范往往能够提升一个人的整体形象。

4. 辅助语言表达

在销售工作中经常会遇到为客户指引方向、邀请客户入座或是提醒客户小心地面湿滑等情形，在遇到这种情况时，单纯的语言表达往往不能准确地传达意思，需要借助手势来更直接、准确地表达服务内容，而且手势的合理运用会使简单的服务行为更具有品质。

（二）手势的分类

1. 前摆式（以左手为例）

五指并拢，手掌伸直，掌心斜向上 45°，由身体一侧自下而上抬起，以肩关节为轴，到腰的高度再向身前左方摆去，小臂摆到距身体 15 厘米并不超过躯干的位置时停止。目视来宾，面带微笑。如图 3-26 所示。

图 3-26　前摆式

2. 直臂式（以左手为例）

左手自身前伸起，左手手指并拢，掌伸直，掌心斜向上 45°，屈肘从身前抬起，向指引的方向摆去，摆到肩的高度时停止，肘关节基本伸直。如图 3-27 所示。

图 3-27　直臂式

3. 前伸式（以左手为例）

身体正直面向客户，伸出左手，掌心斜向上 45°，大臂与小臂成 90°，小臂与手腕、手掌成一条直线。如图 3-28 所示。

图 3-28 前伸式

4. 鞠躬前伸式(以左手为例)

身体正直面向客户,伸出左手,掌心斜向上 45°,大臂与小臂成 90°,小臂与手腕、手掌成一条直线,同时行 15°鞠躬礼。如图 3-29 所示。

图 3-29 鞠躬前伸式

视频 3-5 指引礼仪练习

(三)递、接物品的手势

1. 基本原则

在递送物品时,要用双手递送,并且身体主动向前稳妥地递送到对方手中。递送的物品要方便对方拿取,把尖、刃或是不便于接拿的一端朝向自己,将方便接拿的一端朝向对方,确保其可以顺利、方便地接拿。接拿客户递过来的物品时,应主动上前,稳妥接拿,姿态稳定不轻浮,并且使用双手接物最为规范。

2. 具体要求

递送文件或单据给客户时，目视对方、面带微笑、身体前倾、双手递交，具体方式是拇指在上、四指在下稳妥捏拿住文件。需要对方签字或着重阅读某个部分，应使用前伸式手势指示给对方，并用语言准确表达需对方配合的事项，如图 3-30 所示。

图 3-30　递接文件

递送物品（笔、剪刀）给客户时，应尽量使用双手，并将物品的手柄或是易于对方接拿的一端朝向对方，将方便留给客户。如果物品较为锋利或是尖锐，应在递送前用语言提醒，如“剪刀比较锋利，请小心”。

递送零碎物品（曲别针、大头针）给客户时，不能直接递给客户，应把散碎小物品放在一张纸或可承载的物品上双手递给客户。

接取客户递送的物品时，应走上前或前倾身体表达“主动”的意愿，然后用双手接取。

汽车销售人员在运用手势时，不仅要做到优雅规范，还需要与目光和身体语言相配合，应该面带微笑，身体略微前倾，以示对客户的尊重。

视频 3-6　递接物品练习

❋ 随堂练习

角色扮演：每个小组分别选出汽车销售人员和客户的扮演者，根据给出的环车介绍案例进行角色扮演，要求手势的运用要适度、恰当，运用手势时要注意与面部表情、语言相结合。根据要求打分并计入平时成绩。

六、行礼方式

(一)点头礼(注目礼)

1. 动作要领

点头致意是服务人员向客户问候或打招呼时运用最多的一种方式,在行点头礼时一定要看着对方的眼睛,接着含笑低下头,如图 3-31 所示。这时通常有两种方式,一种是在打招呼的同时微笑,一种是在打招呼之后笑容满面,可根据实际情况选择。但要注意的是点头要配合目光和微笑,而不单纯是头部的动作,这样才能够起到良好的交流作用。

图 3-31　注目礼仪

2. 点头礼仪

(1)使用点头礼最恰当的时机是目光和客户相对或距客户 3～5 米时,应主动采用点头礼进行问候致意。

(2)在与客户匆匆相遇的短暂瞬间可采用点头致意的问候方式,在电梯、楼梯比较狭小的空间内也可采用点头致意来向客户问候。

(二)鞠躬

鞠躬是人们在日常生活中和社交场合为表示对别人的恭敬而普遍使用的一种礼节。在我国,鞠躬礼通常适用的场合有以下几种。

1. 迎接宾客或送客时,服务人员应按正确站姿站在合适的位置,面朝宾客鞠躬致意。这种场合鞠躬的幅度一般在 15°,同时面带微笑,并致以恰当的问候语,如图 3-32 所示。

图 3-32　15°鞠躬礼

2. 上台演讲前后、演出谢幕或领奖时要对与会者行鞠躬礼以示敬意与谢意。此时鞠躬的幅度一般在 30°。如图 3-33 所示。

图 3-33　30°鞠躬礼

3. 表示歉意、深度感谢，需要行 45°鞠躬礼。有些国家和地区盛行此类鞠躬。如日本人、韩国人见面时，一般不握手，而习惯相互鞠躬，鞠躬的深度表示对被问候人的尊敬程度。遇到这些国家的客人，应从尊重客人风俗人情的角度出发，对客人回以相应的鞠躬礼。如图 3-34 所示。

图 3-34　45°鞠躬礼

视频 3-7　三度鞠躬练习

任务三　环车介绍流程礼仪

【任务情境】

客户林先生和汽车销售人员站在某款新上市的车前部。

客户：这款车是新上市的吧，外形很抢眼啊，与旧款相比有什么新技术和新配置吗？

汽车销售人员：林先生，您眼光不错啊。这款车是上个月刚上市的，是××车型第十一代了，××车型在全球单一车型中销量是最高的，现在全球的用户已经累计达到4000多万。用户的数据足以证明它的品质和可靠性。您看我给您详细介绍下这款车好吗？

客户：好的。

汽车销售人员：林先生，请您坐到驾驶座上。（等客户落座后）您感觉舒适吗？

客户：这座椅挺舒服的。

汽车销售人员：这是带有电加热功能的真皮座椅，相信无论是您的朋友还是客户，坐进您的车都会感受到这款车型独有的豪华和气派。咱们北方的冬天比较冷，到冬天坐上去就更舒适了，它能为您驱散冬日的寒冷，带来更完美的驾驶体验。这个座椅是可以调节的，平时您出差时想在车上歇一歇的时候，可以放平座椅，来上一曲轻音乐，安静、舒适地休息一会儿……

请思考：

如果把文字版的环车介绍案例变成现场情景模拟，我们应该使用哪些仪态动作和举止来体现我们专业又热情的销售服务？

【相关知识】

环车介绍，也叫六方位车辆介绍法，是指在向客户介绍汽车的过程中，销售人员围绕汽车的车前方、驾驶室、车后座、车后方、车侧面、发动机舱六个方位，向客户介绍车的整体情况以及各个部位的功能、配置、特性、给客户带来的好处等。

一、环车介绍前的准备

环车介绍前，需要做好准备工作：车辆整体亮洁无尘，车内部无不相关物品；转向盘调整至最高位置；确认所有座椅都调整回垂直位置；钥匙放在随手可取的地方；驾驶人座椅适量后移；前排乘客座椅适量后移；座椅的高度调整至最低水平；调试好收音机、车载CD；确保蓄电池有电；等等。

二、环车介绍礼仪要点

（一）车前方介绍

车前方是最有利于看清车辆特征的角度，通常可以在这个位置向客户介绍产品，如车标、品牌、车身尺寸、车辆线条、制造工艺、车身颜色、保险杠、前照灯、刮水器等。如图3-35所示。

图 3-35 车前方介绍

1.介绍车辆前方时，销售人员应站在车辆左前照灯前 80 厘米左右，面对客户。邀请客户站在离车辆前方 45°、2～3 米的位置。做局部介绍时，需五指并拢，手心向上引导观看，必要时身体可以微微前倾。

2.在正式介绍前，应礼貌地征求客户的同意："那我现在就开始为您介绍这辆轿车，您看可以吗？"

3.通常这个时候客户希望靠近展车观看，但实际上过于靠近观看会影响车辆的美感，所以应尽量避免。

(二)驾驶室介绍

介绍时鼓励客户打开车门，进入内部。应着重向客户介绍的内容主要有转向盘、仪表盘、安全带、空调、音响、座椅、防盗系统、中控门锁等。

1.介绍车辆驾驶室前，销售人员首先要为客户打开驾驶室车门，并适当地为客户用手挡住车门上方，以避免客户进入时碰头并提醒客户注意。如图 3-36 所示。

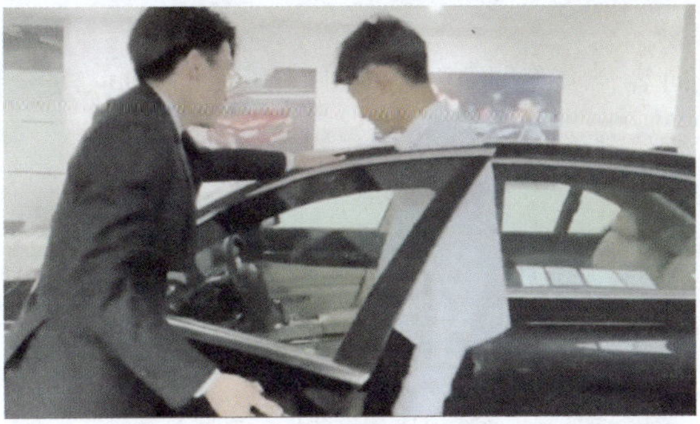

图 3-36 为客户打开车门

2.邀请客户进入展车后，销售人员以标准的蹲姿为客户调整座椅(如图 3-37 所示)，并询问客户是否合适，调整时通知客户所要调整的类型，如"我现在准备为您把座椅往上抬高一点，请您感受一下"。

图 3-37　为客户调整座椅

3.蹲着或者在得到客户允许后坐到副驾驶座继续介绍车内的其他功能。在得到客户同意后,从车辆前部迅速绕到车辆右侧,轻轻打开车门进入并关上车门,如图 3-38 所示。

图 3-38　驾驶室介绍

(三)车后座介绍

在这个位置主要向客户介绍轴距、音响、座椅、头部空间、安全措施、储物空间等,如图 3-39 所示。

图 3-39　车后座介绍

1.在这个环节,要积极鼓励客户更多地体验车辆,激发客户的想象以及拥有该车的欲望和冲动。销售人员可在展车内或者展车外介绍,但一定要邀请客户进入展车内参观感受。

2.应该邀请客户充分感受车内空间，包括前排和后排的舒适度。

3.如果客户有随行人员，不要忘记邀请他们一起进来感受一下。

（四）车后方介绍

在这个位置可以突出尾灯、汽车排放的介绍。主要应包括大面积尾灯、一体式后保险杠、倒车雷达、倒车影像装置、天线、行李箱等。如图 3-40 所示。

图 3-40 车后方介绍

1.销售人员应站在车辆后方的位置进行介绍，距离车辆后保险杠约 50 厘米，并邀请客户在车辆右后方或正中的位置进行观看。

2.客户通常会对尾部的造型比较在意，销售人员可以引领客户暂时后退 2～3 米，从侧后方引导客户观看。

3.关闭行李箱的姿势要优雅熟练，切勿因为这样的小细节而降低了客户对自己的好感。

（五）车侧面介绍

在这个位置介绍可以考虑将重点放在车辆的安全性能上，还可以介绍一下轮胎、悬架系统（舒适性），主要包括车门防撞钢梁、四轮独立悬架、车身结构、车身材质、车门、轮胎、油箱等。如图 3-41 所示。

图 3-41 车侧面介绍

1.介绍车辆侧面时，销售人员应站在车辆左方或右方，适于站在前轮的方位，将客户邀请至B柱外60～100厘米的位置观看车辆。做局部介绍时，需五指并拢，手心向上引导观看，必要时可以微微躬身。

2.通常此时由于销售人员站位的原因，客户在无法进入驾驶室的情况下可能会希望进入后排座椅看看，当发现客户有这方面的倾向时应积极引导。

3.介绍底盘、轮胎这些部位时，销售人员可以用标准蹲姿进行介绍。

（六）发动机舱介绍

1.首先，对等待观看的客户说“请稍等”，离开车辆前端来到驾驶室旁；其次，打开车门，拉动发动机舱盖锁定释放杆；最后，关上驾驶室门，返回车辆前端，用双手打开发动机舱盖。如图3-42所示。

图3-42　发动机舱介绍

2.销售人员打开车门时，客户可能会跟随并有意进入驾驶室参观，所以打开发动机舱的时间应尽量短，同时开启车门的幅度要小。

3.当销售人员拉动发动机舱盖锁定释放杆之后，由于好奇，客户可能会试图自行打开发动机舱盖，对那些不熟悉车辆的客户来说，这是比较危险的，此时销售人员应说“请等一下，我来为您打开”，并快步走到发动机舱盖前。

4.关闭车门时请用双手，举止要得体，切勿随意甩手关闭车门。

视频3-8　环车介绍流程礼仪

三、环车介绍时的注意事项

1. 六方位车辆介绍的前提是已经明确客户的需求，所以在实际为客户介绍时可以有相应的重点，也可以从任一方位开始介绍，并根据车型卖点的不同适当调整介绍重点。

2. 介绍中注意FAB销售话术的运用，F(Feature)指属性或功效，即产品特点或属性；A(advantge)指优势或优点，即产品与竞争对手的不同之处；B(benefit)指客户利益与价值，即产品优点所带给客户的利益。

3. 介绍过程中使用规范的礼仪。

4. 开关车门、发动机舱盖及行李箱盖时注意举止文明，轻开轻闭。

5. 客户进入车内时，主动用手掌挡在车门框下（手心向下）保护客户，并提醒客户注意。

6. 注意给客户提供充裕的时间观察和提问，以满足他们的具体要求。密切留意客户的反应，并适当提问互动以进一步确认客户的需求。

7. 幽默的用语、形象的比喻和生动的事实有助于客户的理解和接受，形成自己的销售话术，对每一个部位训练至流利介绍和应答。

★礼仪技能训练

汽车营销岗位环车介绍礼仪实训

实训项目	汽车营销岗位环车介绍礼仪实训						
实训目标	在汽车营销的环车介绍工作流程当中，掌握对眼神、面部表情、服务仪态、服务举止、语言等的综合运用能力						
实训准备	场地准备	模拟汽车4S店实训室					
	工具准备	文件夹、汽车产品宣传单页、汽车产品					
评估标准	评估内容	分值（分）	小组评估			自我评估（分）	综合得分（分）
			第一次（分）	第二次（分）	小计（分）		
	仪容仪表	10					
	目光专注	10					
	微笑待客	10					
	距离适度	10					
	站姿规范	10					
	手势运用	10					
	蹲姿介绍（驾驶室）	10					
	递接物品	10					
	语言配合	10					
	场景运用	10					
	合计	100					

★学习评价

通过对本项目的学习，你掌握了多少礼仪小知识呢？下面来测一测吧！

选择题

1. 与人相处时，注视对方的时间不应少于相处总时间的（　　）。

A.三分之一　　B.一半　　C.五分之一　　D.十分之一

2. 入座时，要从椅子的左侧入座，一般要坐在椅子的（　　）。

A.全部　　B.三分之二处　　C.三分之一处　　D.二分之一处

3. 当与客户一起行进时，我们的步速应当是（　　）。

A.按照标准的行进步速　　B.根据自己的习惯

C.以客户的步速为准　　D.尽量慢一些

4.（多选）在与客户交往中，不恰当的举止有（　　）。

A.架起“二郎腿”　　B.斜视对方

C.以食指点指对方　　D.头部仰靠在椅背上

5.（多选）关于微笑，以下描述正确的是（　　）。

A.微笑一定要露出八颗牙齿　　B.微笑要发自内心

C.微笑的时候，眼睛也在“笑”　　D.微笑是拉近与客户距离的“金钥匙”

6. 车辆介绍具体包括（　　）位置。

A.6 个　　B.5 个　　C.7 个　　D.4 个

判断题

7. 鞠躬时，男士、女士双手都是前握式。（　　）

8. 当两人长时间交谈时，可采用“散点柔视”法。（　　）

9. 做六方位环车介绍时，必须是从车前方开始介绍。（　　）

10. 六方位环车介绍时会用到介绍手势，具体做法是五指并拢，掌心斜向上 45°，手指的指尖指向要介绍的方位。（　　）

项目四

汽车营销洽谈礼仪

汽车的销售业绩直接决定着汽车企业的成败。在激烈的市场竞争中，汽车营销人员任何一个不规范的礼仪行为都可能会导致销售失败和客户流失。企业也会因此表现为对内缺乏礼仪规范的科学管理，对外无法获得客户的“满意度、忠诚度和回头率”。因此，规范各个营销环节的礼仪标准，提升营销人员的服务技能，成为当今各汽车公司及其4S店追求的目标。在销售人员的日常工作中，与客户洽谈是非常重要的环节，洽谈区是销售人员与客户进行深入交流、获取客户需求信息进而实现洽谈成交的重要区域，因此这个环节销售人员的沟通技巧和礼仪规范就显得格外重要。那么，当客户被邀请到休息和洽谈区，销售人员与客户进行沟通交流时，销售人员需要从哪些方面注意自己的礼仪规范呢？

★学习目标

素质目标

通过汽车营销洽谈礼仪的学习和实践，培养学生诚信、言行一致的道德品格，锻炼学生的待人接物及语言表达能力，进而提升自身综合素养。

知识目标

掌握汽车营销洽谈区奉茶、基本语言礼仪规范。

能力目标

能在汽车营销相关岗位中合理运用奉茶礼仪、洽谈接待中语言礼仪和沟通技巧，提高工作质量。

★学习任务

任务一 洽谈区奉茶礼仪

【任务情境】

一天上午，某汽车 4S 店销售顾问小林热情接待了前来展厅看车的王先生和王太太，一番寒暄之后，小林邀请王先生夫妇先到洽谈区休息，并非常周到地提供了三种饮品供其选择，王先生夫妇二人都选择了红茶。可能是由于茶水过烫，小林在给王先生夫妇奉茶时，用手指捏着两个杯子杯沿，跌跌撞撞地将两杯红茶递到了王先生跟前，由于倒得过满，茶水撒了一桌子，还差点溅到王先生身上。小林的这一举动让原本心情很好的王先生夫妇瞬间失去了交流下去的欲望，他们草草聊了几句就借口离开了展厅。

请思考：

1. 销售顾问小林在为王先生夫妇奉茶时哪些地方做得不到位？

2. 作为汽车营销人员，奉茶礼仪还有哪些规范需要知晓？

【相关知识】

一、奉茶的要领

为提高客户满意度，多数汽车 4S 店在为客户提供饮品服务时，都会准备三种以上的饮品供客户选择。其中茶饮作为我国的一种传统饮品，是大多数 4S 店都会为客户准备的一种饮品。所以，作为一名优秀的汽车营销人员，一定要学会用合宜的方法为客户奉茶，通过奉茶的礼仪展现个人良好的专业素养，为实现客户成交、提高客户满意度打下情感基础。汽车销售顾问为客户奉茶的要领如下：

1. 若取两杯以上，要使用托盘。

2. 要双手端着托盘，托盘勿置于胸前，到洽谈区后将托盘放在邻近客户的茶几或备用桌上，然后右手拿着茶杯中部，左手托着杯底（如若使用的是纸杯和杯托，可右手拿着茶杯的杯托，左手附在杯托附近），杯耳应朝向客人。

3. 面带微笑，眼睛注视对方，双手端茶从客人的左后侧奉茶递给客人，同时说："××先生，请您用茶。"如图 4-1 所示。

图 4-1　奉茶

视频 4-1　奉茶要领

随堂练习

根据所学的奉茶要领，以小组为单位模拟任务情境中销售顾问小林对客户的奉茶礼仪，然后小组上台展示，其他组同学指出台上同学展示的优点和不足。

二、奉茶的顺序

（一）奉茶时的一般顺序

1. 先为客人上茶，后为主人上茶；
2. 先为主宾上茶，后为次宾上茶；
3. 先为女士上茶，后为男士上茶；
4. 先为长辈上茶，后为晚辈上茶。

（二）来客多且彼此之间身份差别不大时可采取的四种上茶顺序

1. 以上茶者为起点，由近而远依次上茶；
2. 以进入休息室之门为起点，按顺时针方向依次上茶；
3. 在上茶时以客户的先来后到为先后顺序；
4. 上茶时不讲顺序，或是由饮用者自己取用。

三、奉茶应注意的问题

（一）要保证茶具的清洁

当客人来到时，先让座，后备茶。冲茶之前，一定要把茶具清洗干净，即使上次使用完已经清洗干净，在冲茶、倒茶之前也最好用开水烫一下茶壶、茶杯，这样既讲究卫生，又显得彬彬有礼。

(二)双手奉上

尽量不要用一只手上茶,尤其不能用左手。

(三)端茶要得法

有的人用五指捏住杯口边缘就往客人面前送,这种端茶方法很不雅观,也不卫生。

(四)茶水要适量

无论是大杯还是小杯,都不宜倒得太满,过满容易溢出,把桌子、凳子、地板弄湿。一不小心,还会烫伤自己或客人,使宾主都很难为情。为客人倒茶,通常不宜斟得过满,以杯深的 2/3 为宜。

(五)把握好续水的时机

以不妨碍宾客交谈为佳,不能等到茶叶见底后再续水。

(六)水温适宜

水温不宜太烫,以免客人不小心被烫伤。

❋ 知识拓展

茶文化

中国茶文化是由沏茶、赏茶、闻茶、饮茶、品茶等习惯和中华民族的文化内涵和礼仪相结合,形成的一种具有鲜明中国特征的文化,也可以说是一种礼节。茶文化是中国具有中华民族代表性的传统文化。中国不仅是茶叶的原产地之一,而且,在中国不同的民族、不同的地区有着丰富多样的饮茶习惯和风俗。

汉族人饮茶,注重一个"品"字。凡来了客人,沏茶、敬茶的礼仪是必不可少的。当有客人来访,可征求意见,选用最合客人口味和最佳茶具待客。以茶敬客时,对茶叶适当进行拼配也是必要的。主人在陪伴客人饮茶时,要注意客人杯中的茶水,一般用茶杯泡茶,如已喝去一半,就要添加开水,随喝随添,使茶水浓度基本保持前后一致,水温适宜。在饮茶时也可适当佐以茶食、糖果、菜肴等,达到调节口味和缓解饥饿之功效。

任务二 汽车营销基本语言礼仪

【任务情境】

马俊是某学院车辆工程系汽车营销与服务专业的毕业生,毕业后他应聘到北京一家知名汽车 4S 店从事汽车销售工作。在与客户洽谈业务的过程中,语言的运用具有非常重要的作用。马俊因为刚开始工作,在基本语言礼仪方面存在不少欠缺,现在请你给马俊指导一下,他在基本语言礼仪方面应该学习哪些知识、注意哪些问题呢?

【相关知识】

在人际交往中，语言起着很重要的作用，甚至大到“一言以兴邦，一言以丧国”。它更是一个人内在德行的外化表现，从优雅气质中自然流露的以礼待人的言语，能为商务交往的顺利进行奠定良好的基础。所以，在商务交谈中必须遵守一定的礼仪规范，以达到双方交流信息、沟通思想的目的。

汽车营销人员与客户的交流和洽谈，既是客户进行品牌体验的关键环节，也是影响客户最终成交的重要因素。客户需要深层次了解产品的情况作为决策依据，而汽车营销人员对产品的完美讲解和良好的沟通，是客户下定决心下单的催化剂。因此，汽车营销人员要掌握基本语言礼仪，提升自己的沟通洽谈能力，以便更好地和客户洽谈交流。

一、言语表达礼仪

(一)语言艺术基本要求

1. 态度要端正，交谈要热情

在商务活动中进行交谈，正确的态度应该是热情、诚恳、稳重、平易。热情是交谈的基本要求，冷漠无情、无精打采、有气无力的交谈是没有感染力的，无法收到效果。以诚为本，诚心待人，才能取得对方的信任。交谈还必须稳重，只有稳重才能给人安全感，增加可信度，任何轻佻的语言、表情、动作都是应当避免的。言语平易可以与对方拉近距离，不能傲慢无礼、狂妄自大、盛气凌人。

汽车营销人员在工作中的言谈态度主要要求有笑容多一点，嘴巴甜一点，想得细一点，说得清一点，站得直一点，坐得正一点，走得快一点，穿得雅一点，态度诚一点，应变活一点。谈话时要精力集中，不能左顾右盼，东张西望，如果表现出漫不经心、心不在焉，也会影响对方的谈话兴趣，打消交谈的热情。交谈时要反馈及时，对别人传递的信息予以及时的回应；对别人给予的好意、为你所做的事，应用恰当的语言及时表达谢意。

2. 表达要准确，语言要流畅

汽车营销人员在与客户洽谈交流时，首先吐字清晰、口音标准，说出的语句符合规范，避免使用似是而非的语言；其次语句停顿要准确，思路要清晰，谈话要缓急有度，从而使交流活动畅通无阻；最后应去掉口头语，使语言表达干净利落。

语言流畅还表现在能让人听懂，所以汽车营销人员在交流或介绍产品时要尽量避免使用书面语或者专业术语，因为这样的交流容易让客户有距离感或者理解困难。

3. 表达要含蓄，语气要委婉

人们的认识和情感有时并不完全一致，有时候有些话虽然完全正确，但如果直言不讳的话，对方碍于面子难以接受。含蓄委婉，就是曲折婉转，从侧面触及或以柔克刚，使客户在听你谈话的同时仍能感受到自己是被人尊重的。这样对方就能既从理智上又能从情感上接受你的意见。这种交谈方式要求尽量采用商量的口吻，可以使用某些语气词，如“吗、吧”等，显得客气、委婉，同时注意灵活用词，比如把“我觉得这样不好”改为“我并不觉得这样好”，就能把同样的意思表达得不那么咄咄逼人了。

所以，在与客户交谈中，汽车营销人员说话时要尽量平稳轻柔、速度适中；尽量用商量的语气，维护客户的自尊心，营造良好的谈话氛围；适当地赞美客户，使客户有春风拂面的感觉。

4. 音量适宜，适可而止

音量是否适宜的决定因素有三：一是通达，以对方刚好能够清晰准确地听到为前提。二是环境，交谈音量应随环境不同而有所调整，幽静的环境音量宜小，嘈杂的环境音量适当要高。三是内容，交谈的音量要视所谈事情或问题的重要性和私密性而定，重要而需要保密的，交谈的音量要小；重要而无需保密的，交谈的音量要适度放大，以便引起对方重视并听清楚。私密性强的，交谈音量宜小，甚至是悄悄说；私密性不强的，交谈音量宜大一些，以便交谈顺利进行。交谈的基本要求是尽量低声，不要大嗓门。尤其是在大庭广众之下，粗声大嗓是缺乏教养的表现。语调要抑扬顿挫，不要平板单调，毫无变化。

中国先贤有言，言多必失。交谈就像喝酒一样，尽管是“酒逢知己千杯少”，但还是要适量，喋喋不休往往会引起他人反感，也容易偏离交谈主题，事倍功半，“一语中的”才会令人回味。当然，交谈内容的控制因环境和对象的不同有所不同，但一定要适可而止。

5. 幽默风趣，以情动人

洽谈本身是寻求一致的过程，而过程中往往会因为观点不一致而引发分歧和争论，这就需要洽谈者随机应变，巧用幽默打破僵局。在与客户初次见面的时候，汽车销售人员自我介绍要适度，不可锋芒毕露，否则会给客户夸夸其谈、华而不实的感觉。幽默既是一种素质，又是一种修养；既是一门艺术，也是一门学问。汽车销售人员切忌使用生硬、冰冷的语言接待客户。在汽车销售过程中，不可忽视情感效应，因为它能起到不可估量的作用。

6. 善用赞美，如沐春风

人们都喜欢被赞美，赞美用语是人际关系最好的润滑剂。但如何赞美？汽车营销人员在实际与客户交谈时要注意几点：一是赞美必须真诚，赞美的内容应该是对方拥有的、真实的，而不能无中生有，更不能将别人的缺陷、不足作为赞美的对象；赞美要真正发自肺腑，情真意切。言不由衷的赞美无疑是一种谄媚，最终会被他人识破，招来厌恶和反感。只有名副其实、发自内心的赞美，才能显示出它的光辉、魅力。二是赞美要适时，如果发现对方有值得赞美的地方，就要做到及时大胆地赞美，不要错过机会。特别是在他人成功之时，送上一句赞美语，就犹如锦上添花，其价值可“抵万金”。三是赞美要适度，恰如其分、点到为止的赞美才是真正的赞美，所以赞美之词不能滥用。过犹不及，有时好心也许换回的是他人的反感。

知识拓展

赞美的技巧

学会寻找赞美点，这一点非常重要。只有找到对方的闪光点，才能使赞美显得真诚而不虚伪。每个人身上都有很多的闪光点可以赞美，赞美点有以下几类。

(1)外在的具体的赞美点，如衣服打扮(衣着、领带、手表、眼镜、鞋子等)、身体各部位等。这一部分可以称为硬件。

(2)内在的抽象的赞美点，如思想品德、行为毅力、生活情绪、文化修养等。这一部分可以称为软件。

(3)间接的关联的赞美点,如籍贯、工作单位、朋友、宠物、亲属等。这一部分可以称为附件。

所以,一个人身上的赞美点非常多。大致而言对软件的赞美要比赞美硬件效果好,而赞美附件效果更好,因为这些事项都是每个人最在意的。

(二)礼貌用语

语言礼貌是现代文明社会的首要标志,礼貌用语是文明的标志。在人际交往的过程中恰到好处地使用礼貌用语,可以表现出本人的亲切、友好、和蔼与善意,还能够传递出对交往对象尊重、敬佩的信息,因此将有助于双方互相产生好感,相互达成谅解。文明礼貌的语言能展现一个人内在的文化修养、道德品质、精神气质和思想境界。良好的道德品质、文化修养只有通过特定的行为表现出来,才能在社会生活中起到实际意义和重要作用。因此,在汽车服务岗位上,准确而适当地运用礼貌用语,是对广大汽车营销服务人员的一项基本要求。常用的礼貌用语可分为以下几种。

1. 问候语

问候语又叫打招呼。人们在社会交际中,根据交际对象、时间等的不同,会采用不同的问候语。在我国,见面时通常的问候语是“您好”“您早”“大家好”“王先生好”“早上好”“下午好”等,还有一些非正式的问候语,如“吃饭了吗”“来了”“最近怎么样”等。

2. 欢迎语

欢迎语是接待来访客人时必不可少的礼貌用语。最常用的欢迎语有“欢迎”“欢迎光临”“欢迎您的到来”“莅临本店,不胜荣幸”“见到您很高兴”“恭候光临”等。

当客户再次到来时,汽车营销人员应以欢迎语表明自己记得对方,以使对方产生被重视之感。具体做法是在欢迎用语之前加上对方的尊称,或加上其他专用词。例如,“王先生,欢迎光临”“刘女士,我们又见面了!欢迎再次光临”“欢迎您又一次光临本店”等。

3. 送别语

送别语又叫告别语。常用的送别语主要有“再见”“慢走”“走好”“欢迎再来”“一路平安”“一路顺风”“多多保重”等。若是事先商量好了下次见面的时间可以说“回头见”。

4. 请托语

请托语通常是在请求他人帮忙或是托付他人代劳时使用。在工作岗位上,任何人都免不了可能会有求于人,不管是需要理解还是寻求帮助,诚恳地使用请托用语都是非常必要的,最常见的有“请”“劳驾”“拜托”“打扰”“借光”等。

5. 致谢语

致谢语通常在人们接受对方的鼓励、祝贺或者问候、欢迎之后使用。在实际运用时,致谢语内容或有变化,大致有三种形式:标准式如“谢谢”“感谢您”等;加强式如“十分感谢”“万分感谢”“非常感谢”“多谢”等;具体式如“上次麻烦您了”“让您费心了”“有劳您啦”等。

6. 致歉语

致歉语是指人们在日常交际中,给别人造成了困扰,从而进行道歉所说的礼貌用语。真诚的道歉不仅能使交际双方彼此谅解、信任,而且还能化干戈为玉帛。同时,道歉也要讲究艺术,有些人放不下架子或者碍于面子不愿直接道歉,可以使用较为委婉的说法。

一般的道歉语有“真抱歉，让您久等了”“请原谅”“打扰您了”“不好意思”“多多包涵”等。绝大多数道歉语都可单独使用，如果需要，也可与其他礼貌用语组合使用。

7. 祝贺语

祝贺语能够帮助人们在人际交往过程中建立良好的人际关系。通常在对方过生日、升迁、加薪、结婚，或者客户开业、周年店庆、获奖时通过各种方式表示祝贺。祝贺语非常多，适宜汽车营销人员在工作中使用的主要有以下两种。

一是应酬式祝贺语。在各种一般性场合，它往往被用来祝贺服务对象顺心如愿。其具体内容往往各异，因此在使用的时候通常要求对对方的心思多少有所了解。常见的应酬式祝贺语有“祝您成功”“祝您好运”“一帆风顺”“心想事成”“龙马精神”“事业成功”“生意兴隆”等。除此之外，还有“恭喜，恭喜”“向您道喜”“真替您高兴”等。

二是节庆式祝贺语。它主要在节日、庆典以及对方喜庆之日时使用。它的时效性极强，却通常不可或缺。例如，“节日愉快”“活动顺利”“假日愉快”“生日快乐”“新婚快乐”“旗开得胜，马到成功”等。

（三）职业语言规范

汽车营销人员在接待客户的过程中，应该注意职业语言规范，以彰显企业形象、品牌形象及个人的职业形象。这就要求汽车营销人员在工作岗位上使用一些特定的礼貌用语，这主要是指在服务过程中表示自谦恭敬之意的一些约定俗成的语言及其特定的表达形式。

1. 汽车营销职业语言规范使用基本要求

（1）主动使用

在工作中使用礼貌用语应成为汽车营销人员主动而自觉的行动，这样礼貌用语的使用方能口到、心到、意到。正是出于这一原因，汽车营销人员在与客户进行语言交流时应率先主动地采用礼貌用语。

（2）约定俗成

在营销岗位上，销售人员常用的礼貌用语，在内容与形式上，往往都是约定俗成、沿用已久、尽人皆知的。所以，对其只能完全遵从，而绝对不宜“另辟蹊径”，不然就难以得到认同，而且也难以发挥功效。

（3）亲切自然

销售人员在运用礼貌用语时，还须力求做到亲切自然。让听者听在耳中，暖在心里，心领神会。运用礼貌用语时讲究亲密性，必须不落俗套，而非甜言蜜语、巧言令色、阿谀奉承，让人肉麻。

2. 汽车营销职业语言规范

视频 4-2　汽车营销职业语言规范

(1)客户接待用语

在汽车营销相关岗位上,一般要求工作人员对客户接待用语勤用不怠。汽车销售顾问的客户接待用语,常用的有"您好,欢迎光临×××4S店""二位上午好,欢迎光临"等。

(2)友好征询用语

汽车营销相关岗位工作人员遇到下述五种情况时,一般应当采用征询用语。一是主动提供服务时,二是了解对方需求时,三是给予对方选择时,四是启发对方思路时,五是征求对方意见时。必须注意的是,销售顾问在具体使用征询用语时,务必要把握好时机,并且还需兼顾客户态度的变化。切勿随意滥用,令人产生我方人员强迫服务强买强卖之感。实际应用最广泛的征询用语主要有三种。

一是主动式。例如:"请问您怎么称呼?我能帮您做些什么?""需要帮助吗?""我能为您做点儿什么?""那咱今天就把车订下?""为了更好地跟二位交流,我可以在旁边一坐吗?"

二是封闭式。它多用于向客户征求意见或建议之时。它往往只给对方一个选择方案,以供对方及时决定是否采纳。例如:"王先生,您坐在车里是不是感觉挺明亮的?""您是自己用吗?如果是的话,您不妨看看这辆车""您是不是想先来试一试?""好的,没问题,我想听听您的意见,行吗?""我们刚推出一款新的车型,您不妨看看。不耽误您时间的话,我给您介绍一下?"

三是开放式,也叫选择式征询用语。它提出两种或两种以上方案,以供对方选择。这样做往往意味着尊重对方。例如:"咱今天是来看车还是保养呢?""您需要这一种,还是那一种?""这款车有墨玉黑、海岩灰、珠光白三款颜色,不知二位比较喜欢哪一款?""咱们店免费为您提供红茶、可乐和柠檬汁,您想喝点什么?"

(3)车辆介绍用语

车辆介绍用语非常多,品牌、车型不同,具体介绍点也不尽相同,销售顾问可按所在4S店的培训话术依客户的不同情况灵活运用。例如:"您来得真是时候,刚好我们展厅有一辆×××,非常符合您的需求,不知道您时间怎么安排,能否耽误您几分钟,我带您去看一下?""那请您先随便看看车,如有需要,请您随时叫我,我都在。""这是您要的红茶,请您看我们的车型资料。""王先生,我们这辆车的尾部也很有特点,我们一起去看一下?""王先生,如果您不介意,我想坐在副驾驶的位置,为您更加详细地展示各种配置,可以吗?"

(4)请教联系方式用语

请教联系方式用语有很多。例如:"王先生,你方便留一下联系方式吗?""如果您有名片,能给我一张吗?""如果方便的话,我想拜访贵公司,是否可以告诉我贵公司的地址和电话?"

(5)汽车营销人员应答用语

在此特指汽车营销人员用来回应客户的召唤,或是在答复客户询问之时所使用的专用语。汽车营销人员使用应答用语的基本要求是:随听随答,有问必答,灵活应变,热情周到，尽力相助，不失恭敬。

一是肯定式。主要用来答复服务对象的请求。这一类的应答用语主要有“是的”“好”“听候您的吩咐”“很高兴能为您服务”“好的，我明白您的意思”“我会尽量按照您的要求去做”等。

二是谦恭式。当客户对被提供的服务表示满意，或是直接对工作人员进行口头表扬、感谢时，可以使用谦恭式应答用语，如“这是我的荣幸”“请不必客气”“这是我们应该做的”“请多多指教”“您太客气”“过奖了”等。

三是谅解式。在客户因故向自己致以歉意的时候，应及时予以接受并表示谅解。常用的谅解式应答语主要有“不要紧”“没有关系”“不必不必”“我不会介意的”等。

(6)道歉用语

常见的道歉用语有：“对不起，这款颜色的车子……”“不好意思，您的话我还没有听明白。”此外，还有“您稍等”“麻烦您了”“打扰您了”等。

(7)恭维赞美用语

常见的恭维赞美用语有：“您看起来非常有气质，冒昧地问一句您是从事什么工作的呀？”“您这样的成功人士，选择这款车是最合适的。”“您真会享受生活！”“您是我见过的最懂车的客户。”“您真是快人快语，给人的第一印象就是干净利落。”“这工作好啊，工作稳定，收入可观，那您的购车预算是多少？”

(8)送别客户用语

常见的送别客户用语有：“您慢走，多谢惠顾，欢迎下次光临。”“有什么需要的地方随时给我打电话。”“二位慢走，欢迎二位下次光临！”

(四)交谈的距离

无论哪一种社会交际，人与人之间都需要一定的空间距离。任何一个人，都需要一个自己可以把握的空间，而这个自我空间一旦被人侵犯，他就会感到不舒服、不安全甚至恼怒。这种空间距离不但界定了交往的形式，而且确定了交往的广度与深度。可以说，社交距离的远近，大致确定了相互间的亲疏程度。因此，人们在日常工作与生活中要善于把握交际的空间尺度。

1. 亲密距离

距离在 15 厘米之内或 15～46 厘米，是人际交往的最小距离，适合亲朋、夫妻和恋人之间拥抱、接吻，但不适宜在社交场合、大庭广众面前出现。

2. 个人距离

近段距离在 46～76 厘米，适合握手、相互交谈；其远段距离在 0.76～1.2 米，普遍适用于公开的社交场合，这段距离可以使别人自由进入这个交往空间。

3. 社交距离

社交距离主要适合于礼节性或社交性的正式交往。其近段距离为 1.2～2.1 米，多用于商务洽谈、接见来访或同事交谈等。远段距离在 2.1～3.6 米，适合于同陌生人进行一般性交往，也适合于领导同下属的正式谈话、高级官员的会谈及较重要的贸易谈判。

4. 公众距离

近段距离在 3.6～7.6 米，远段距离则在 7.6 米以外，适合于做报告、演讲等场合。

二、话题选择礼仪

(一)话题选择技巧

汽车营销人员在与客户交谈时选择的话题应尽量是客户喜欢的类型,这就要求汽车营销人员能够准确把握客户的性格、心理、年龄、身份、兴趣爱好以及关注点。汽车营销人员应该让话题吸引人、引发客户共鸣,但是不应该涉及忌谈话题。

1. 投其所好,选择对方感兴趣的话题

汽车营销人员在与客户交流中,如果发现客户比较拘谨,反应不怎么热情,时不时地翻看手机上的球赛信息,那么汽车营销人员完全可以主动聊起足球话题,以使客户精神倍增。在人际交往中能用于拉近双方距离的话题可以说俯拾皆是,关键在于要善于根据特定的情境去发掘,并恰到好处地加以运用。当然,这是以人的一定阅历、经验为基础的。

2. 借助媒介,"就地取材"作为话题

商务人员可以因人因事因物就地取材,以一定的物和事为媒介,作为引发交谈的"因子"。如一个陌生人手里抱着小孩在晒太阳,如果想结识她,便可以小孩作为媒介,对她说:"你的小孩真可爱,多大啦?"这样,对话就有了可能。

3. 选择内容文明、格调高雅的话题

文学、历史、艺术、地理、建筑等话题内容文明、格调高雅,适合作为各类交谈的话题,但切忌不懂装懂。

4. 选择轻松、愉快的话题

轻松、愉快的话题主要有文艺演出、流行时装、体育比赛、电视娱乐、旅游休闲、风土人情、名胜古迹、美食小吃、天气状况等。这类话题比较轻松、愉快,很容易引起对方的兴致。

(二)忌谈话题

1. 忌谈个人隐私

现代社会强调尊重个人隐私,关心有度。与外人交谈时,尤其进行国际交往时,更应该回避个人隐私。个人隐私有"五不问":不问收入,不问年龄,不问婚否,不问健康,不问个人经历。

2. 忌谈格调不高的话题

家长里短、小道消息、男女关系等话题不要谈,这些内容说出来会使对方觉得你素质不高,有失身份。更不能在背后谈论领导、同行和同事,来说是非者必是是非之人,在自己单位内部可以适当发表批评与自我批评,但内外有别,在外人面前不能非议自己的单位和部门,在思想上、行动上维护自己的组织形象是有教养的表现。

3. 忌谈政治、宗教等有异议的话题

作为一个公民,作为一个有教养的人,不非议党和政府,也是社会公德的体现。对于宗教话题,有些人虽然基于礼貌不会当场与你争论,但是内心一定十分不舒服,你可能无意中得罪了人而不自知,这自然失去了社交的意义。

4. 忌谈国家秘密及行业秘密

一定要有国家安全意识，严格遵守国家安全法、国家保密法，不能乱说，说话要有分寸，违法及泄密的内容是不能谈论的，我们要自觉维护国家利益。此外，各个行业、各个企业都有各自的商业秘密，在商务洽谈中不应涉及这些内容，以免造成不必要的损失。

三、倾听和提问礼仪

汽车营销人员在与客户交谈过程中，一定要善用倾听和提问。

(一)学会倾听

倾听是主动参与的过程，听的人必须及时思考、接收和理解，并做出必要的反馈；倾听又是一门艺术，通过倾听可以从对方口中获得重要的信息，领会对方的意图。真诚地倾听对方谈话，就是对对方最好的尊重。倾听对方讲话，必须做到耳到、眼到、心到，同时还要辅以其他的行为和态度。

1. 主动积极

主动积极指的是对对方的感觉和意见表示出极大的兴趣，并且积极努力去听，去了解对方。如果有不明白的问题，就及时地问清楚。要积极回应对方，与对方保持良好的互动，鼓励对方讲话。单独听对方讲话，身子要稍稍前倾。面部保持微笑，表情随对方谈话内容有相应的变化，恰如其分地频频点头。

2. 要让对方把话讲完，不要打断对方

不轻易打断对方的讲话，让他把话说完。有时，讲话并不是一下子就能抓住实质的，应该让对方有时间不慌不忙地把话说完，即使对方为了理清思路做短暂的停顿，也不要打断，影响他的思路。不经对方允许，不插话。

3. 不要匆忙做结论

一个善于交谈的人，应该努力弄懂对方讲话的内容，完全把握他的意思。

4. 要全神贯注地聆听，不要做无关的动作

真诚地倾听需要全身心的投入，要全神贯注地聆听对方讲话，集中精力，排除干扰，采取开放尊重的姿态。注视说话者，保持目光接触，对方谈话时，东张西望，低头只顾做自己的事情，或面露不耐烦的表情，都是不礼貌的，都会使对方对你产生反感。

5. 要注意反馈，反应要冷静

聆听对方的讲话，要注意信息反馈，及时验证自己是否已经了解对方的意思。你可以简要地复述一下对方讲话的内容，并请他纠正。这样有助于你对对方讲话内容的准确理解。适时而恰当地提出问题，配合对方的语气表述自己的意见。一个善于倾听的人总能控制自己的感情。过于激动，无论对讲或聆听的人来说，都会影响表达或聆听的效果。

6. 要注意语言以外的表达手段

一个人表达的内容，并不一定都在他的话语中。因此，在倾听对方谈话时还要注意对方的声调、情调、态度以及表情、手势、动作等，以便充分了解对方的本意。

7. 要抓住主要意思，不被个别枝节分散注意力

善于聆听的人，总是注意分析哪些内容是主要的，哪些内容是次要的，以便抓住问题的实质，避免造成误解。不离开对方所讲的话题，但可通过巧妙的应答把对方讲话的内

容引向所需的方向和层次。

8. 不要总想占据主导地位

不要表现得自己好像无所不知，只有自己才能给对方以启发。自以为是的人，往往最不会聆听对方的讲话。交谈的目的在于增进你我双方的了解。善于听别人说话，是深入细致地了解对方的重要手段。当你对对方了解得很清楚的时候，你就越容易寻找到适当而有力的词句来表达自己，你的话也就越容易说到对方心里去，越容易得到对方的了解和同情，而你也就越容易控制谈话的方向。

(二)善用提问

汽车营销人员在与客户打交道的过程中，获取客户信息最直接的方法就是向客户提问。提问语既可以表达疑问，也可以引导对方进入谈话状态。为了得到想要的回答，达到一定的目的，就必须掌握语言提问的几种形式，把握其中的规律，这样才能在交谈中发挥积极作用。

1. 正问

正问是指开门见山，把想问的问题提出来。这种提问方式常用于上级对下级工作的询问、同事间信息交流或者亲密朋友间的沟通。需要注意的是，使用这种方式提问的问题，必须没有复杂的因果联系，三言两语就能够说清楚，以避免引起不愉快的后果为前提。

2. 反问

反问是指从相反的方向提出问题，使对方不得不回答问题。很多人有不爱主动选择的心理，为了得到当面肯定的提问效果，可从否定的角度来提问。这种提问方式多用于向大家征询意见的公开场合。例如："有谁同意这个活动方案？""有谁不同意这个活动方案？"两种不同的问法，效果立显。

3. 开放式提问

开放式提问是汽车营销人员与客户交谈时经常用到的提问方式。这种提问方式就是不限制客户回答问题的答案，完全让客户根据自己的喜好，围绕谈话主题自由发挥。它既可以令客户畅所欲言，又有助于汽车销售人员根据客户谈话更有效地了解客户信息。客户在畅所欲言之后，通常会感到放松和愉快，这有助于双方进一步沟通合作。开放式提问语主要有"是多少""怎么样""哪些……""什么车"等。

4. 封闭式提问

封闭式提问也是汽车营销人员与客户交谈时经常用到的提问方式。封闭式提问，客户回答的范围比较窄，答案比较明确、简单，使用这种提问方式的目的是缩小话题范围，收集比较明确的需求信息。它一般只是让对方有"是"或者"不是"两种选择。面对犹豫不决的提问对象，通过封闭式提问并将希望得到的答案放在后面，可以引导谈话方向。

汽车营销人员在与客户洽谈时把开放式提问和封闭式提问结合起来使用，非常有利于掌控交谈的整个局面。常用的封闭式提问语有"能不能""对吗""是不是""会不会""多久"等。

❀ 随堂练习

根据所学的“提问方式”相关内容，讨论以下场景中林晓为什么会惹得客户不高兴。

有一天，某4S店里一男一女两位客人在展厅休息区沙发上坐着，实习生林晓上前询问：“两位喝点什么？”男客户说：“我要红牛！”林晓尴尬地说：“不好意思，没有！”女客户说：“我要椰奶！”林晓更加尴尬，说：“不好意思，也没有！”最后，两个客户非常不高兴，嘴里嘟囔了一些不好听的话。

以小组为单位，请同学们还原场景和林晓正确的问法。

四、汽车营销洽谈技巧

汽车营销人员说话目的性要明确，在与客户沟通洽谈时，在达到自己目的的同时，也要理解并满足对方的要求。职业洽谈技巧主要包括以下几点：首先，要明确对方说话的意图，特别是没有说出来的意思；其次，要牢记自己的目的，与别人沟通不是闲聊，应努力获取自己需要的信息；最后，要管理说话的内容，对说话的内容进行合理的搭配安排。要很好地使用上述谈话技巧需要做到以下几点。

(一)主导

主导是指在与客户的洽谈中，要在不知不觉中控制谈话内容以及谈话的发展趋势和方向。在谈话中，不断提出新的话题，不仅可以让其他人只能跟随着话题走，还能让别人特别期待你对事情的看法，这样就能逐渐掌握谈话的主动权，不会被别人牵着鼻子走。

(二)迎合

迎合是指汽车营销人员在与客户交谈时要主动承接客户说话的意思，形成顺应的语言背景，获得对方的认可，营造出友好的交谈氛围。

(三)垫子

垫子是指在回答客户问题的时候，有效应用对问题的评价来降低客户对问题的关注度。垫子有助于平复部分客户的激动情绪，对于消除对抗、获得理解、握手言和有重要的作用。

(四)制约

制约是预测客户后面要说的话，并主动说出解决问题的方法，制约客户思路。制约就是在互动式说话氛围内，提前预判别人想表达的意思不一定对自己有利，于是快速变换一种形式，先发制人，让别人无法发作，从而获得谈话优势。制约要求有伶俐的口齿和敏捷的思维。

总之，在汽车营销过程中，汽车营销人员的沟通技巧主要体现在三个方面：“会说”，即良好的开场，有效地介绍，恰当地迎合；“会听”，即学会倾听客户的诉求，从客户的诉求中捕捉信息并最终促成业务；“会看”，即学会“察言观色”、见微知著，了解客户需求，把握签约时机。

但无论如何使用洽谈技巧，汽车营销人员都要谨记诚信是商务礼仪的基本原则，汽车营销人员与客户洽谈交流时，更要秉承诚信的原则，诚实不欺、客观公正、言行一致。古人云：守礼者，定知廉耻，讲道义。礼仪绝不是外表的伪饰，真正掌握礼仪精髓的人是发自内心地表现出对他人的尊重和友善。诚信是社会主义核心价值观的内容之一，是个人立身之本和必备的道德品格，更是社会主义道德建设的重点内容。只有人人从我做起，让诚信真正根植人心，人与人之间才会更加友善，社会文明才能更加进步。汽车营销人员只有恪守诚信原则，着眼于将来，通过长期潜移默化的影响，才能获得最终的利益。

★礼仪技能训练

汽车营销洽谈礼仪展示

<table>
<tr><td>实训目标</td><td colspan="2">掌握洽谈区奉茶礼仪规范及基本语言礼仪规范
能够根据具体情境熟练操作奉茶礼仪，熟练运用语言表达礼仪、话题选择礼仪以及倾听与提问礼仪</td></tr>
<tr><td rowspan="2">实训准备</td><td>场地准备</td><td>礼仪一体化教室</td></tr>
<tr><td>工具准备</td><td>洽谈桌、茶具等</td></tr>
<tr><td>汽车营销洽谈礼仪规范</td><td colspan="2">小组讨论写出洽谈区奉茶礼仪以及后续销售顾问与客户进行交谈的情景剧本（练习内容包括奉茶礼仪、职业语言规范、话题选择、倾听与提问），并进行情景展示，明确汽车营销洽谈区各种礼仪的规范，并记录如下：</td></tr>
<tr><td>任务实施</td><td colspan="2">按照小组讨论写出的情景剧本进行洽谈礼仪规范展示</td></tr>
</table>

<table>
<tr><th colspan="6">考核评价</th></tr>
<tr><td>评价项目</td><td>表情</td><td>奉茶礼仪</td><td>语言表达及职业语言规范</td><td>倾听</td><td>提问方式</td></tr>
<tr><td>评价标准</td><td>大方自然</td><td>动作准确</td><td>准确流畅、语速适当</td><td>技巧运用熟练</td><td>恰当</td></tr>
<tr><td>第 1 组</td><td></td><td></td><td></td><td></td><td></td></tr>
<tr><td rowspan="2">互评记录</td><td>优点</td><td colspan="4"></td></tr>
<tr><td>缺点</td><td colspan="4"></td></tr>
</table>

续表

第 2 组		
互评记录	优点	
	缺点	
第 3 组		
互评记录	优点	
	缺点	
第 4 组		
互评记录	优点	
	缺点	
自评反思		

★学习评价

通过对本项目的学习，你掌握了多少礼仪小知识呢？下面来测一测吧！

选择题

1. 如果用托盘给客户送茶水，应该是(　　)。

A.左手拿盘，右手放茶水　　B.右手拿盘，左手放茶水

C.右手拿盘，右手放茶水　　D.左手拿盘，左手放茶水

2. 为客户端上第一杯茶时，通常不宜斟得过满，更不允许使其溢出杯外。得体的做法是应当斟到杯身的(　　)处，不然就有厌客或逐客之嫌。

A.三分之二　　B.四分之三　　C.四分之一　　D.三分之一

3. 一般情况下，商务洽谈距离以(　　)米为宜。

A.0.2～0.5　　B.0.76～1.2　　C.1.2～2.1　　D.3.6～7.6

4.(多选)以下哪些做法体现了对交往对象的尊重(　　)。

A.交往时要热情而真诚，不能心存不敬，也不能热情过火

B.要给他人留有面子，与人交流时不涉及他人隐私，不提到对方生理缺陷

C.对他人做错的事不能批评指出

D.不把自己的观点强加于别人，与个性特征和自己截然不同的人交往，应尊重对方的人格和自由

5. 以下哪个不是洽谈中宜选的话题(　　)。

A.格调高雅的话题　　B.政治、宗教话题

C.对方擅长的话题　　D.时尚流行的话题

6.(多选)下列关于语言礼仪的说法正确的有(　　)。

A.话题选择应该遵循个人隐私“五不问原则”

B.语言要正规标准

C.真诚地倾听对方讲话,就是对对方最好的尊重

D.汽车营销人员与客户交谈时,不要轻易打断对方的谈话,要让对方把话说完。

7.(多选)奉茶礼仪的禁忌包括(　　)。

A.尽量不要用一只手上茶,尤其不能用左手。

B.切勿让手指碰到杯口。

C.为客户倒的第一杯茶,通常不宜斟得过满,以到杯身的三分之二处为宜。

D.把握好续水的时机,以不妨碍宾客交谈为佳,不能等到茶叶见底后再续水。

判断题

8. 两人相距1.5米,即为私人距离。(　　)

9. 当对方就你不喜欢的话题谈个不停时,你应该明确告诉他你不喜欢,请他换个话题。(　　)

10. 赞美必须真诚,赞美的内容应该是对方拥有的、真实的东西,而不能无中生有,更不能将别人的缺陷、不足作为赞美的对象。(　　)

项目五
汽车营销通信礼仪

在现代信息社会中，汽车营销人员用于办公及客户交往的通信手段越来越多，与客户的交往也越来越频繁。比如，电话已经成为现代交往重要的通信工具和手段，汽车营销人员通过电话与客户沟通时，一方面代表了他的服务水平，另一方面则代表了汽车企业的外在形象。汽车营销人员在工作中除了使用电话之外，常用的通信工具还有手机短信、微信、电子邮件、信函请柬等，而汽车营销人员要想通过这些通信工具互通信息、联络感情、赢得更多的客户，就必须注意汽车营销通信礼仪。那么，一名优秀的汽车营销人员在日常工作中是如何展示通信礼仪的呢？

★学习目标

素质目标

通过对电话、手机短信、微信、电子邮件等礼仪的学习和实践，使学生在使用各类通信工具与人沟通时，做到态度谦逊恭敬、语言文明礼貌以及举止优雅得体，具备良好的道德水平和文明素质。

知识目标

掌握汽车营销相关岗位的电话礼仪、文书礼仪规范。

能力目标

能在汽车营销相关岗位中运用电话礼仪、文书礼仪规范，进行汽车营销服务工作，提高服务水平和工作业绩。

★学习任务

任务一 汽车营销电话礼仪

【任务情境】

一汽大众×××4S店的销售顾问刘欣打电话给腾飞公司的杜磊先生，想与之洽谈该公司的购车事宜。

杜磊办公室同事：腾飞公司，您好！请问您找谁？

刘欣：请问杜磊在吗？

杜磊办公室同事：请问您是哪里？

刘欣：我是一汽大众×××4S店销售顾问刘欣。

杜磊办公室同事：麻烦您稍等，我帮您看下他在不在。

刘欣：谢谢您！

杜磊办公室同事：刘小姐，很抱歉！杜磊出去还没回来呢！请问您有什么事需要我转告他。

刘欣：麻烦您帮我转告他，他需要的车型资料我已经发到他的邮箱，请他回来看看有没有需要补充的地方。

杜磊办公室同事：好的，我会转告他您已经把车型资料发到他邮箱。

刘欣：谢谢您！

杜磊办公室同事：不用客气！

刘欣：再见！

请思考：

1. 刘欣在拨打电话中的礼仪规范是否标准？
2. 销售顾问在接打电话时应注意哪些礼仪？

【相关知识】

电话是迄今人类发明的最为便捷的通信工具之一。随着通信事业的不断发展，固定电话、智能手机的日益普及，电话已成为人们现代交往中的重要通信工具和手段。电话作为一种不用见面的沟通工具，看似只闻其声不见其人，其实人们的声音、态度、语气等已经通过电话间接地传递给了对方，人们通过电话也能粗略判断对方的人品和性格。因此，在工作中使用电话的语言很关键，而如何打电话、如何接电话以及如何使用手机，则是汽车营销人员的必修课。

一、电话礼仪的一般要求

为了正确地使用电话，树立良好的个人形象和企业形象，汽车营销人员无论是拨打电话还是接听电话，都应遵循电话礼仪的一般要求。

（一）态度礼貌友善

态度、语言以及举止都能透露出一个人内在的文化修养、道德品质、精神气质和思想境界。良好的道德品质、文化修养只有通过这些特定的行为形式表现出来，才能在社会生活中具有实际意义和起到重要作用。汽车营销人员在通电话时要注意态度友善、语调温和、讲究礼貌。微笑会自动改变你的音质，会让你的声音令人充满愉悦，对方可以通过声音感受到你的情绪。

（二）传递信息简洁

商务活动中的电话内容要求简洁而准确，要事先把重要的信息罗列好，切忌海阔天空地闲聊和不着边际地交谈。

（三）控制语速、语调

要控制好自己的语速，以保证通话效果。语调应尽可能平缓，切忌过于低沉或高亢。善于运用和控制语气、语调是打电话的一项基本功。要语调温和、音量适中，咬字要清楚，吐字比平时略慢。为了让客户容易听明白，必要时可以把重要的话重复一遍。

（四）使用礼貌用语

礼仪是一个人内在的道德素质体现，是社会道德规范和准则的外在表现。汽车营销人员打电话时要使用常规礼貌用语，切忌出言粗鲁或通话过程中夹带不文明的口头禅。

（五）注意挂电话前的礼貌

要结束电话交谈时，一般应当由打电话的一方提出，然后彼此客气地道别，说一声“再见”再挂电话，不能自己讲完就挂断电话。

二、打电话礼仪

（一）要选择对方方便的时间

拨打电话，首先要考虑在什么时间最合适。如果不是特别熟悉或者有特殊情况，一般不要在早上 7 点以前、晚上 22 点以后打电话，也不要在用餐时间和午休时打电话，否则既有失礼貌，也影响通话效果。有关公务的电话，应当公事公办，最好在上班时间打。双方约定的通话时间，轻易不要更改。要想使通话效果好一些，使之不至于受到对方繁忙或疲惫的影响，则通话应选择在周一至周五，而不应选在周末。因紧急事宜打电话到别人家里去，通话之初先要说声“对不起”，而且尽量不要在对方用餐、睡觉、过节、度周末时打电话。与外商通电话时，需顾及对方在作息时间上的特点。打电话去海外，还应考虑到此地与彼地的时差。非公务电话应避免在对方通话高峰时期或者业务繁忙时间段拨打。

（二）要长话短说

打电话时要力求遵守“三分钟原则”。“三分钟原则”是指打电话时，拨打者应自觉地、有意识地将每次通话时间控制在三分钟内，尽量不要超过这个限定。此外，通话时的基本要求应为以短为宜，宁短勿长，不是十分重要、紧急、烦琐的事务一般通话时间不宜过长。

（三）要规范内容

在通话之前，最好把对方的姓名、电话号码、通话要点等内容列在一张清单上，这样做可以避免通话者在谈话时出现现说现想、缺少条理的问题。电话接通后，除了首先问候对方外，要记得自报单位、职务和姓名。如果请人转接电话时，一定要向对方致谢。通话时，讲话一定要务实，不能吞吞吐吐、含糊不清。寒暄后就应直奔主题。打电话时，如果要说的话已经说完，就应该果断地终止通话，话讲完后仍然反复铺陈、絮叨，会让对方觉得你做事拖拉，缺少素养。人们打电话的目的是彼此的交流和沟通，以拉近彼此的距离，而电话本身是没有任何感情色彩的，所以在打电话时一定要带着感情，达到使对方“闻其声如见其人”的效果。

视频 5-1　打电话礼仪

知识拓展

语音信箱的使用礼仪

若去电话时对方不能接电话或是收不到信息，有些电话会自动转至语音信箱，从礼貌上讲此时应尽量留下信息，否则会让对方为来电猜上半天，疑心出了什么事情。

留言时以简单扼要为原则，姓名、电话号码、来电事由以及时间均不可遗漏。因为对方接到你的电话时可能没有带电话本，其中最容易被人遗漏的就是时间，否则当对方想回电话也不知你已来电多久，所以如果是比较重要的电话，务必留下时间。

三、接电话礼仪

（一）要迅速准确接听

听到电话铃声，要准确迅速地拿起听筒，最好在三声以内接听。电话铃响一声大约3秒，若长时间无人接听是很不礼貌的，对方在等待时心里会十分着急，也会对你所在的单位留下不好的印象。如果附近没有他人可以接听，即便电话离自己很远，听到电话铃声也应该用最快的速度去接听，这是每个汽车营销人员都应养成的态度。若电话铃响了五声以后才接听，应该先向对方道歉。如果电话铃声响了许久，接起电话只是“喂”一声，会给对方留下态度恶劣的印象。

(二)要重视接起来的第一声

当我们给某单位打电话的时候,若一接通,就能听到对方亲切、优雅的声音问好、报上公司名称等,心里会很愉快,不仅能使双方对话顺利开展,而且也会使来电者对该单位留下良好的印象。所以在接电话时拿起听筒所讲的第一句话,一定要注意。接电话时所讲的第一句话,常见的形式有三种。

第一种是以问候语加上单位、部门的名称及个人姓名。这种形式最为正式。例如:“您好!上汽大众集团人事部李晓,请讲。”

第二种是以问候语加上单位、部门的名称,或是问候语加上部门名称。这种形式适用于一般场合,如“您好!上汽大众×××4S店”就主要适用于公司前台或由总机转接的电话。

第三种是以问候语直接加上本人姓名,这种形式仅适用于普通的人际交往。例如:“您好!李晓。”

(三)举止要恭敬认真

打电话过程中绝对不能吸烟、喝茶、吃零食,即使是懒散的姿势对方也能够“听”得出来。打电话的时候,若是躺在椅子上,对方听你的声音就是懒散、无精打采的;若是坐姿端正,对方听你的声音也会亲切悦耳、充满活力。因此,打电话时即使看不见对方,也要当作对方就在眼前,尽可能注意自己的姿势。如图5-1所示。

图5-1 接打电话的姿势

(四)要认真清楚地记录

随时牢记5W1H技巧,5W1H是指电话记录既要简洁又要完备,包括以下几方面:When(时间)、Who(人物)、Where(地点)、What(事情)、Why(原因)、How(如何进行)。企业中电话接听记录表如表5-1所示。

表 5-1　电话接听记录表

序号	来电时间	来电号码	来电单位(姓名)	来电内容	处理结果	备注

(五)等对方挂后再挂电话

挂电话之前,要把对方来电的事项重复一次,加以确认,然后感谢对方来电,有意识地等待对方挂电话之后再挂电话,就像是目送对方离去一样,是尊重对方的表现。

视频 5-2　接电话礼仪

四、代接电话礼仪

有时候,在办公室经常会接到一些找同事或找领导的电话,而需要接电话的人又刚好不在,作为同一部门或同一企业的人,代接电话是义不容辞的事。代接电话时要注意以下几点。

1. 先告知对方要找的人不在

不要在盘问对方的身份和致电目的等一系列问题之后,才告诉对方说他要找的人开会去了,现在不能接电话。试问如果自己是打电话的人心里会做何感想?或许会认为自己被耍了。所以,在代接电话时,必须首先告知对方要找的人不在并告知原因,然后问对方是何人、为何事、是否需要留言等。

2. 尊重隐私

代接电话时,不要询问对方与所找之人之间的关系,如果对方要找的人离自己比较远,不要大声召唤。别人通话时,不要旁听,不要插嘴。当对方希望转达某事给某人时,千万不要把此事随意扩散。

3. 做好记录,转达及时

对方要找的人不在时,应向其说明,询问对方是否需要代为转达。如果对方有此请求,应照办。对方要求转达的具体内容,最好认真做好笔录。对方讲完后,应重复验证一遍,以免误事。记录的电话内容包括通话者单位、姓名、通话时间、通话要点、是否要求回电话以及回电话的时间等。

答应了对方代为传话，就要尽快落实，不要轻易把自己转达的内容托他人转告，这样不仅容易使内容走样，而且很有可能会耽误时间。

视频 5-3　代接电话礼仪

❋ 随堂练习

根据拨打电话及接听电话礼仪的学习内容，以小组为单位讨论汽车销售人员在汽车电话销售过程中接打电话的步骤和话术，然后小组派两名代表上台展示，其他组同学对台上同学展示的接打电话礼仪说出自己的看法。

五、移动电话(手机)礼仪

(一)手机使用礼仪

随着科技、通信、网络的快速发展，手机已经成为现代社会人们最为依赖的一种移动通信工具。汽车营销人员在日常工作中使用手机时，有以下几方面的礼仪规范要遵守。

1. 置放到位

在与客户交往中，销售人员应将手机放在适当之处。但凡正式的场合，切不可有意识地将手机握在手中、别在衣服外面或挂在脖子上，也不要放在桌子上。外出之际放置手机的最佳位置，一是公文包，二是上衣口袋。

2 遵守公德

手机来电一般应在第二声铃响之后立即接听，因为手机是私人联络方式，所以接起电话在问候“您好”之后，一般不必自报家门。结束电话交谈时，通常由打电话的一方提出，然后彼此客气地道别。无论什么原因电话中断，主动打电话的一方应负责重拨。

使用手机当然是为了方便自己，不过这种方便是不能够建立在他人的不便之上的。换言之，销售人员在接听和拨打手机时，一定要讲究社会公德，切勿使自己的行为骚扰到其他人。因此，在工作场所，尤其是公共场合，销售人员尽量不要接听或拨打手机。当其处于待机状态时，应设置为静音或转为振动模式。如果确实需要与他人通话，要尽可能把自己的声音压低，绝不能大声说话，特别是在客户面前。

陪同客户用餐或在要求保持安静的公共场所，诸如音乐厅、美术馆、影剧院、歌剧院、体育比赛场馆等，销售人员不要旁若无人地使用手机，这时应将手机关机或调至静音状态。

在客户面前接打手机，应该当着客户的面三言两语结束通话，不应该回避客户或在手机里长篇大论，让客户干等着。在接打手机时，声音要适度，不要大声嚷嚷。遇到信号不好或通信中断的时候，千万不要大声地“喂！喂!”大叫，可以先挂机，过一会儿再联络。

3. 注意拨打时间

打电话前要确定地区时差以及各国工作时间的差异，不要在休息日给客户打电话谈生意，以免影响他人休息。即使客户已将家中的电话号码告诉你，也尽量不要往其家中打电话。给对方打电话时，最好避开休息和用餐时间，并且做好对方不便接听的准备。在给对方打电话时，应注意从听筒里听回音来鉴别对方所处的环境。如果很静，应想到对方在开会；当听到噪声时，对方很可能在室外。有了初步的鉴别，对对方能否顺利通话就有了准备。但不论在什么情况下，是否通话还是由对方决定为好，所以“现在通话方便吗”通常是拨打手机的第一句话。另外，对待打错电话的人要有风度，不要粗暴地挂断。

4. 尊重隐私

随着手机的功能不断强化，人们的手机里面都收纳了自己很多的隐私。我们应该从以下方面考虑客户的隐私。

不随便翻看客户的手机短信或相册，不随意接听客户的电话。虽然有时你听到客户的手机在响，但如果没有得到客户的允许，不要随意接听客户的电话。

5. 注意手机使用安全

销售人员使用手机时，对于有关的安全事项绝对不可马虎大意。任何时候都不可在使用时有碍自己或他人的安全。按照常规，在驾驶车辆时，不宜使用手机或查看短信内容，以防止发生车祸。乘坐飞机时，必须自觉地关闭随身携带的手机，因为手机发出的电子信号会干扰飞机的导航系统。在加油站或是医院里停留期间，也不准开启手机，以免手机发出的信号引发火灾、爆炸或妨碍治疗。此外，在标有文字或图示禁用手机的地方，均须遵守规定。

6. 注意手机铃声的选用

有研究发现，大部分人认为吵闹的铃声已经成为最烦人的噪音。那么，汽车营销人员在手机铃声使用上要注意哪些问题呢？

(1)铃声不能怪异

现在越来越多的人不满足于传统的手机铃声，而是喜欢上了彩铃。有些彩铃幽默、搞笑或怪异，与千篇一律的铃声比较起来，确有吸引人之处。但是，过于个性化的铃声应注意使用场合。

(2)铃声内容不能粗俗

从铃声内容来说，不能有不文明的内容。如果是客户或上司突然有紧急工作找你，听到这种铃声一定会感到非常不适。还有一些铃声比较容易让人反感或有着不良的导向，使用这样的铃声无疑会增加对方的不快。

❄ 随堂练习

个性彩铃让她丢了订单

销售顾问小贾喜欢使用美妙悦耳的手机彩铃声，各种各样的彩铃她都想试一试。一个月前，她迷上“我不接，不接，就不接…”彩铃后，其手机就播放了这段有趣的彩铃。

两个星期前，客户方先生经小贾接待来展厅看中了一款车，但是为了货比三家，方先生也去其他品牌4S店询问了其他竞品车型的优惠情况。方先生在打电话给小贾再次确认她能给到的优惠政策时，由于手机的信号不好，方先生连续打了 5 次都因为话音不清晰而被迫中断，每次通话中断后重新再拨，听到的就是“我不接、不接、就不接……”的声音。正在其他店看车纠结到底选哪款车的方先生被这种铃声惹烦了，毫不犹豫地下单了竞品车型。小贾得知此事后，后悔不迭。

请大家讨论：小贾作为汽车营销人员，在手机的铃声使用上应注意哪些问题呢？

(3)铃声音量不能太大

手机铃声不能调得过大，以离开 2 米可以听见为宜。有些人的手机铃声像是“凶铃”，在大家埋头干活时突然刺耳地响起，让人心跳都会加快。另外，在医院、幼儿园等特殊场所，过大的铃声会成为一种公害。

汽车营销人员在工作时应注意不要让自己的手机有碍于工作，有碍于他人，尤其是在开会、会客、上课、谈判、签约以及出席重要的仪式、活动时，必须自觉地提前采取措施，将自己的手机调成静音或振动。必要时可暂时关机，或者委托他人代为保管。

(二)手机短信礼仪

汽车营销人员与客户之间的关系不仅是买卖关系，更应是朋友的关系。既然是朋友关系，就应互相关心。对于竞争激烈的市场来说，汽车营销人员更应对客户积极主动，在节日中以感恩的心问候和关心客户，可以拉近彼此之间的距离，使自己的人脉更加丰富，为日后销售工作打下坚实的基础。那么，汽车营销人员在通过手机短信同客户进行交流时应注意哪些方面的礼仪呢？

1. 发短信也要注意时间

短信不要任何时间都发，掌握不好时间，会让客户反感。发短信的时间最好在上午的 10:30～12:00、下午的 15:30～18:00、晚上的 19:00～21:00，这些时间客户一般人比较方便接收短信。晚上或周末，没有特别的预约一般不要给客户发短信。

2. 避免换一个称呼发同一条短信

对象不同，短信内容应该有所不同。至少应该根据性别、年龄、身份的不同，合作与否、合作深度而“创作”不同的短信内容，要量身定做，绝不可以图省事而掉以轻心。

3. 节假日的问候不能过于功利

客户一旦发现你只是盯着他的钱袋，不仅不会有好感，反而会怀疑你的诚意，使节日问候的作用大打折扣。因此，我们一定要注意：节假日应该多问候，少推销，尽量不推销。如果你能够站在客户的立场看问题，总会得到客户的回报。

4. 短信铃声及音量要注意场合

短信铃声不要很怪异，不要用专用铃声，比如警车的声音。在需要保持安静的公共场所或在与人交谈时，将短信接收提示音调至静音或振动状态。

5. 不在与客户谈话时查看或编发短信

与客户交谈时，不停地查看或编发短信，会让客户感觉不尊重他，会使交谈效果大打折扣。

6. 编发短信语言要规范准确、表意清晰

为让接收方清晰知晓发送人，最好在短信内容的结尾处留姓名。

(三)微信礼仪

如今,微信已经成为我们工作中最常用的沟通方式之一,在微信上会聊天、懂礼仪也成为汽车营销人员需要掌握的技能和必备素养。

1. 尽量用文字,少发语音

虽然微信交流方式很丰富,有文字、语音、表情等,但交流时对方性格、身处环境、职位等都是必须考虑的,特别是汇报工作或者有其他重要且复杂的事项需要和他人沟通时。如果对方在开会或者在上课,很可能不方便收听语音,而文字一目了然,也节省阅读时间。为了工作方便和准确无误,在大多数情况下不要使用语音。

2. 及时回复他人

及时回复他人信息是一种美德。不管对客户还是对上下级,不宜使用过于简短的词汇,如“好”“嗯”等词语。很明显,说一句“好的”会显得更有礼貌,如果没能及时回复,也要在方便的时候向对方解释原因并表示歉意。

3. 注意发消息的时间

不要在半夜或清晨休息时间里发微信,消息提示音会打扰对方,同时对方在这个时候也不一定会及时回复你。如果对方不回,也不要连续发。

4. 注意沟通效率

使用微信沟通,一定要简明扼要。比如,有人喜欢只写“在吗”,后面就没动静了,也不说什么事,就是一个很不好的习惯,会给对方留下不好的印象。切记,要直接切入主题。如果感到沟通效率低下,可致电询问。

5. 不要滥用截屏

截屏功能与职场大多数礼仪背道而驰。两个人的聊天是非常私密的行为,发送出去与暴露他人和自己的隐私没有区别。使用微信截图要格外谨慎,不要随意截屏,更不可随意把截屏发送给第三者。

6. 不要轻易拉黑别人

如果不喜欢一个人在朋友圈中的信息,不要删除,可以点击其头像,出现详细资料页,再点击右边的三个点,出现“设置朋友圈权限”,选择“不看他(她)的照片”就可以了,注意尽量不要选择“加入朋友圈黑名单”,否则对方会明白你把他加入了黑名单,因为在他那边看来,你的所有相册都显示已被删除。

7. 注意发送的内容

不要发没有根据和有伤风化的内容。不造谣、不传谣、不信谣,不煽动他人情绪,坚决远离不良信息。

8. 编辑微信时比较重要的事情可在结尾处注明“收到请回复,谢谢”

如果没有收到回复,有必要打个电话确认对方是否收到信息。特殊的公务短信或微信(如通知),应使用专用尾语“特此通知”,以示规范和严谨。

9. 要遵守群规

单位工作群的感情交流功能相对弱一些,主要是为了工作,所以在工作群里聊天,如果不是工作必要,一定要适可而止。同时,不要随便拉陌生人进入群里,以免泄露工作秘密。

任务二　汽车营销文书礼仪

【任务情境】

某市宝马汽车4S店开展周年庆,邀请部分企业和VIP客户参加活动。为此,领导安排小林负责请柬的相关事宜。

请思考:

1. 小林该如何设计这份请柬呢?

2. 小林在负责请柬相关事宜中,有哪些礼仪规范要遵守呢?

【相关知识】

一、请柬与应邀回函礼仪

文书礼仪是指在文书的写作中,在文字表达、语气运用、文体掌握及文字的传输过程中,对受众表示尊敬的规范与准则。在现代商务活动中,虽然人与人之间的沟通、联络越来越趋于电子化,但文书仍然具有不可替代的作用,在正式交际与商务往来中,文书显得更为慎重和正式。所以,汽车营销人员在日常工作中只有学习和掌握在文书方面的礼仪,才能更好地提高自己的交际水平和职场工作能力。

请柬作为一种邀请个人或组织参加活动的书面邀请函,是在商务交往正式邀约中档次最高的一种邀约形式。凡是精心安排、精心组织的大型活动与仪式,如宴会、舞会、纪念会、发布会、开业仪式等,都会采用请柬邀请嘉宾,以示尊重。请柬是邀请宾客用的,所以在款式设计上要注意艺术性。请柬一般制作精美、语句短小、讲究礼貌。

(一)请柬的礼仪要求

1. 措辞准确

请柬因其篇幅短小,表情达意受到一定限制,所以措辞更要明晰准确,要写清楚活动要素,包括时间、地点、邀请对象,绝不能出错。

2. 语言文雅

请柬是一种高雅的礼仪载体,十分讲究语言美,求“达”求“雅”。要根据不同场合使用高雅、得体、礼貌的措辞,做到热情而不俗套、恭敬而不卑微,充分显示邀请者的内在素质和修养。

3. 提前送达

送达时间需要准确、慎重。请柬主要表达对被邀请者的尊敬,凡是属于较为隆重的喜庆活动,邀请客人以请柬为主,切忌口头邀请。邀请一定要适时发出,太早,对方容易遗忘;太迟,对方来不及回柬和准备。一般提前一周送达较好。

(二)请柬的格式

请柬从格式上可分为横式和竖式两种写法,竖式写法应从右侧向左侧书写。请柬一般由标题、正文、结尾及落款组成。

1. 标题应写在请柬的封面上。通常请柬已按照书信格式印刷好,发文者只需填写正文。

2. 正文的书写要求因请柬的种类而异,内容通常包括被邀人姓名、被邀的活动名称、活动的时间地点等。个别的要请被邀人确认能否应邀。正文用词要准确、精练、得体。

3. 结尾常常要写上礼节性问候语或者恭候语。结尾处空两格写"此致"或"敬请",另起一行顶格写"敬礼"或"光临"。

4. 落款写在右下方,另起一行在右下方注明日期。落款写明发请柬的个人或单位名称和日期后,通常写上"谨启""谨订"等以示礼貌。

(三)应邀回函礼仪要求

任何形式的邀约,都是邀请者经过慎重考虑认为确有必要后才发出的。因此,在汽车商务交往中,汽车营销人员不管接到来自哪个单位或个人的书面邀约,不论是否接受,都必须按照礼仪规范及时正确地处理。如果收到的是正式邀约,比如邀请函或者请柬,最好的回复方式是用信函回复。切不可不打招呼就不参加,这样是非常不礼貌的。

1. 应邀时应及时、礼貌地答复。如有可能,应该在 24 小时之内答复,并在回函时明确地说明是接受还是不接受,以便邀请方做出安排。

2. 接受邀请时,在回函中应重复写上邀请信中的某些内容,如时间、地点等,这样可以防止弄错时间和地址。

3. 在书写应邀回函时,要对邀请表示感谢;在书写表示谢却的回函时,应注意表达你的失望与遗憾之情,并具体说明不能应邀的原因。

4. 回函最好不要打印,要像请柬一样简明。

❋ 知识拓展

各式应用信函

在商务交往中,信函应根据实际需要和具体情况来使用。因其具体用途不同,商务人员常用的信函有联络函、通知函、确认函、感谢函等,它们在写作上往往又有一些各自不同的要求。具体应用不同类型的公务信函时,我们既要遵守其共同要求,又要兼顾其各自独具的特征。

1. 联络函

联络函又称保持接触函，是平时用以培养客户关系与客户保持联络的一种专用信函。使用联络函的目的，不仅意在证明自己的存在，而且也是为了与客户保持接触，并借此培养对方对自己的好感，加深对方对自己的印象。一般而言，应当定期向客户寄发联络函。

2. 通知函

通知函又称告知函，它主要用以向外界通报某项事务处理的具体情况，或是某项业务的具体进展。从某种意义上讲，通知函往往可以在一定程度上发挥联络函的作用。

3. 确认函

确认函是指专为确认某事而向交往对象所寄送的信函。在公务交往中，确认函是最常用的信函之一。因为确认函意在对某种事实、某种意向进行确定，所以它在写作上具有更高的规范性要求。

4. 感谢函

感谢函是指在公务交往中专为感谢某人或某单位而写作的信函。一般而言，收到礼品、出席宴会、得到关照之后，均应寄出专门的感谢函。一封恰如其分的感谢函，往往可以显示写作者的教养。

（四）应邀的具体做法

人们在接到来自单位、个人的书面邀约时，不论是否应邀，都要进行回函。如果接受邀请，接下来还需确认以下事情：

1. 核对活动举办时间、地点。

2. 核实邀请范围，确定是否携带配偶。

3. 明确活动对服装的要求。比如正式宴会的请柬上多注有着装要求，赴宴时应按照要求着装。如果请柬上没有注明着装要求，出席活动时应按照活动性质和当地的习俗，选定例行服装。

4. 明确活动目的，决定是否携带礼物。

5. 明确自己的活动位次，不要随便坐到主宾席上。

6. 活动结束时要同主人及周围的人道别，不能不辞而别。

二、电子邮件使用礼仪

电子邮件又叫电子函件，是利用网络来传递信息和文件的一种通信方式，因其方便快捷，通信信息量大，目前已经成为商务交往中主要的沟通方式之一。一封电子邮件实际上就是一封信函，所以汽车营销人员在使用电子邮件时也要像对待一般信函一样，讲究文书礼仪，但同时又因其与传统信函在传递方式上存在不同，还要讲究一些网络传递方面的礼仪。

（一）书写电子邮件

1. 主题明确。与普通信函一样，每一封电子信函亦应只有一个主题，并且最好在主题栏写明主题，以便让收信人一看就知道来信的要旨。

2. 格式准确。与文字信件一样，书写电子邮件，称呼、敬语不可少，签名仅以打字代替即可。按照正式的格式书写，语言要简洁流畅，写完后检查一下有无拼写错误和不必要的话，审查核定所用字体和字号大小，字号太小不仅收件人看起来费力，也显得粗心和不礼貌。

3. 篇幅短小。由于电子邮件需要利用互联网传送和接收，为防止收发出现问题，电子邮件的内容应短小精悍。

4. 语言直白。商用电子邮件并非网友的网上聊天，因此其所用语言应通俗易懂。要少用生词、怪字或自造的网络用语。凡引用的数据、资料，均应注明出处。

(二)发送电子邮件

1. 发送电子邮件时，要尽可能不使邮件携带计算机病毒。因此，如果没有反病毒软件实时监控，发送邮件前务必用杀毒程序杀毒，以免不小心把携带病毒的邮件发给对方。要是没有把握时，不妨用贴文的方式代替附加文档。

2. 注意网上的保密工作。不要将公司的账号或个人的私人存款账号留存在电脑里，以免泄漏。

3. 多址同步传递(将同一封信传给不同的朋友)时，一般邮件只需在收件人栏将不同电子邮件地址之间用逗号分开，重要信件请以秘密附件方式发送，如此接信的人只会看见信的内容，而不会知道其他收件人是谁，他们的电子信箱又是什么账号等，以防别有用心的人复制附件收信人信息加以利用。

4. 最好不要将正文栏空白而只发附件，除非是因各种原因出错后重发的邮件。否则，不仅不礼貌，还容易被收件人当作垃圾邮件处理。

5. 重要的电子邮件可以发送两次，以确保能发送成功。发送完毕后，可通过电话等询问是否收到邮件，通知收件人及时接收阅读。

6. 不要未经他人同意向对方发送广告邮件。

7. 发送较大邮件时需要先对其进行必要的压缩。

8. 尊重隐私权，不要擅自转发别人的私人邮件。

❋ 随堂练习

根据使用电子邮件礼仪的学习内容，要求以小组为单位以“XXX汽车4S店的一位客户服务人员”的名义，以“本周六9点在我公司召开新车促销发布会，届时请相关意向客户前来参会”为主要内容，撰写一份发给客户的邮件，邮件设置好后发送到教师指定的邮箱中，教师把每个小组发送的邮件进行展示，其他组同学对展示的小组邮件指出优点和不足。

(三)接收和回复电子邮件

1. 定期打开收件箱，查看有无新邮件，以免遗漏或耽误重要邮件的阅读和回复。定期整理收件箱，对不同电子邮件分别予以保存和删除，避免使收件箱过于臃肿。

2. 及时回复工作邮件。一般应在收件当天予以回复。若涉及较难处理的问题，可先电告发件人已经收到邮件，再择时予以具体回复。若因公务等原因未能及时打开收件箱查阅和回复，应迅速补办，尽快回复，并向对方致歉。

★礼仪技能训练

汽车营销电话礼仪展示

实训目标	掌握打电话、接电话的礼仪规范 能够熟练按照汽车营销职业岗位要求展示个人形象	
实训准备	场地准备	礼仪一体化教室
	工具准备	座机电话、前台桌椅等
汽车营销电话礼仪职业规范	小组讨论，明确汽车营销岗位人员需要的电话礼仪规范并记录如下：	
任务实施	按照汽车营销接、打电话礼仪规范，进行汽车电话销售，小组讨论写出打电话和接电话的话术，并进行分组展示	

考核评价					
评价项目	内容	语言表达	打电话	接电话	举止、态度
评价标准	完整	流畅得体	步骤规范	步骤规范	恭敬认真、面带微笑
第 1 组					
互评记录	优点				
	缺点				
第 2 组					
互评记录	优点				
	缺点				
第 3 组					
互评记录	优点				
	缺点				
第 4 组					
互评记录	优点				
	缺点				
自评反思					

★学习评价

通过对本项目的学习，你掌握了多少礼仪小知识呢？下面来测一测吧！

选择题

1. 接听电话时，如果对方要找的人不在，应该（　　）。
A.立即挂电话
B.马上告诉对方要找的人的手机号码
C.礼貌地告诉对方他要找的人不在并说“再见”
D.询问对方有无必要代为转达，如果需要，帮忙记录并传达

2. 接听电话时，恰当的接听姿势是（　　）。
A.身体正直，右手拿听筒　　B.身体正直，左手拿听筒
C.躺在椅子上接听　　D.用肩与脖子夹住听筒接听

3. 在汽车销售4S店接听电话前，不恰当的动作是（　　）。
A.准备笔和纸　　B.停止一切不必要的动作
C.面带微笑　　D.拿起水杯喝水

4. 接听电话时，拿起电话的恰当时间是（　　）。
A.铃响三声之内　　B.铃响一声
C.电话铃正响时　　D.忙完手头的工作

5. 在汽车销售4S店接听电话时，正确的语言表达方式是（　　）。
A.使用普通话
B.使用自己的方言
C.使用普通话或与来电同样的方言
D.使用当地的方言

6.（　　）作为一种邀请个人或组织参加某个活动的书面邀请函，是商务交往正式邀约中档次最高的一种邀约形式。
A.联络函　　B.请柬　　C.确认函　　D.感谢函

7.（多选）关于微信礼仪，说法正确的有（　　）。
A.尽量用文字，少发语音
B.及时回复他人
C.不发没有根据和有伤风化的内容，不造谣、不传谣、不信谣
D.多使用微信截图，操作方便

判断题

8. 求职电话什么时候打都可以。（　　）

9. 上下级之间通电话结束后，通常由下级先挂断电话。（　　）

10. 在发送较大邮件时需要先对其进行必要的压缩。（　　）

项目六

汽车营销会务礼仪

会务是汽车营销人员日常的服务场合之一，包括日常会议和车展等。良好得体的会务礼仪会让在场人员感到更加温馨，也会让会务进行得更加顺利。客户体验、服务能力、人员形象是企业展示良好形象及销售成功的关键要素，展会对于和客户直接接触的销售人员来说，代表着该品牌的形象和品位，传递着品牌精髓。对于汽车4S店来说，车展上的展台布置、展车、销售人员形象是传递品牌形象的三驾马车。那么，要如何在车展上展示良好形象，如何更好地体现品牌的品位和员工素养呢？

★学习目标

素质目标

通过对汽车营销一般会务礼仪和会展礼仪的学习和实践，培养学生的服务意识、诚信守时的美德和敬业精神。

知识目标

掌握汽车营销相关岗位的会务礼仪及商务会展礼仪规范。

能力目标

能在汽车营销相关岗位中合理展示会务礼仪和展会礼仪，得体地完成会议和展会任务。

★学习任务

任务一　汽车营销一般会议礼仪

【任务情境】

小贾和小孟一起在某汽车品牌4S店销售顾问岗位上实习。

一天下午4点左右，销售总监对小贾说："明天上午8点，在三楼会议室召开周末车展调度会，请通知销售部所有成员参加，并转告市场部经理，邀请市场部相关团队成员参加。小贾，有关这次会议的准备工作你来做吧。""好的，总监，请放心吧！"小贾很开心地说，心想，不就是开个会发个通知吗？于是她马上在群里发了会议通知并@所有人，电话通知销售部和市场部，并打印了几份领导让准备的车展布置方案。此时，下班时间快到了，她悠闲地刷起了抖音。

第二天早上，小贾匆匆吃过早餐赶往公司，她记得要开会的事，可是因为下雨，路上堵车比平时要严重，这怎么办呢？等小贾风风火火地赶到会场时，发现会议已经开始了……

会后，总监告诉小贾，组织会议、参加会议都有相关的礼仪及准备工作，不能轻视。总监说："因为知道今天早上要开会，小孟特意查了天气预报，提前15分钟到达了会场做会前检查。她不但帮你准备了笔记本、投影仪，制作了签到表，后来看你不能及时赶到，还帮你做了会前的签到工作……"

请思考：

1.同学们实习后是希望成为小贾还是小孟呢？

2.从会议礼仪方面考虑，这两名同学在实习岗位上表现如何？

【相关知识】

一、会务的准备与组织

(一)做好会前准备工作

1. 开会场所的选择

一个好的会议场所要有利于营造会议的气氛，为会议的顺利进行提供各种方便，不合适的会议场所容易导致与会者分心，不利于会议任务顺利完成。

只有在开会前做好有关会议场所的安排准备工作，才能让会议的成功有所保证(具体条件如表6-1所示)。这些准备包括确定一个在会议期间可以自由使用的场所，不能出现会议进行了一半忽然被通知不能继续使用的情况。此外，这个会议场所一定要具备较好的隔音设施，否则与会者就会如同身处闹市，根本无法集中精神来开会，并且会议场所应舒适宽敞、采光通风良好，以便让与会者放松心情、集中注意力，激发创意。

表 6-1　开会场所具备的条件

1	在会议期间可自由使用的场所
2	隔音效果良好
3	舒适宽敞
4	采光通风良好
5	没有其他干扰源
6	最好有窗帘，以便播放投影资料时遮挡外部光线
7	安静不嘈杂，空调良好
8	电源插座、白板、麦克风等设备器材齐全

总而言之，开会一定要选择安静合适的场所，必须具备足够的自由使用的空间，配备必需的辅助器材，这样才能为会议的成功保驾护航。

2. 道具、视听器材的准备

在确定好开会日期、开会场所之后，接下来要做好对道具、视听器材的准备工作（具体准备的器材如表 6-2 所示）。只有器材准备齐全，才能保证会议顺利进行。

表 6-2　道具、视听器材的明细

1	桌、椅、名牌、免洗杯、饮料
2	黑白板、白板笔、粉笔、板擦
3	签到名册、签字笔、会议群二维码
4	投影机、幻灯机、电池、录音带、镭射指示器或指示棒
5	白纸、目录、议程、会议资料、产品

下面就表 6-2 中的几个要点进行说明。

(1)签到名册、签字笔、会议群二维码

举行会议前，务必准备好此次参会人员的签到名册，以备现场工作人员及时通知和清点参会人员。笔可以多备一些，有备无患。为提高效率，也可提前将此次会议群的二维码打印好，供参会人员现场扫码签到。

(2)会议议程的相关资料

会议议程确定之后，一定要准备好与议程相关的辅助资料。例如，讨论财务问题时会涉及收支结算表，这就需要在会前将此表打印出来，保证与会者人手一份，大家可以通过此表适时查看有关数据的对错，这样才能保证议程的准确性，才能让会议达到预期的效果。

在会前做好准备工作非常重要。《礼记·中庸》有云："凡事预则立，不预则废。"意思是不论做什么事，只有提前充分准备、科学预判，才能谋定而后动。

(二)会议座次安排

会议座次通常有以下几种排位方式:

1. 环绕式

环绕式排位不设立主席台,把座椅、沙发、茶几摆放在会场四周,不明确座次的具体尊卑,与会者入场后自由就座。这一安排座次的方式与茶话会主题最相符,也是当下比较流行的方式。

2. 散座式

散座式排位常见于室外举行的茶话会。座椅、沙发、茶几自由组合,甚至可由与会者根据个人要求随意摆放。这样容易创造一种宽松、惬意的社交环境。

3. 圆桌式

圆桌式排位指的是在会场上摆放圆桌,请与会者在圆桌周围自由就座。圆桌式排位分为两种形式:一是适合人数较少的会议,仅在会场中央摆放一张大型椭圆形会议桌,请全体与会者在四周就座;二是适合人数较多的会议,在会场上摆放数张圆桌,请与会者自由组合就座。

4. 主席式

主席式排位是指在会场上,主持人、主人和主宾被有意识地安排在一起就座。

二、会议礼仪

(一)参会礼仪

作为4S店销售人员,除参加公司和部门内部会议,也有机会参加公司以外的一些会议,因此在参加会议之前要懂得参会礼仪,并做好充分准备。

1. 仪容仪表大方得体

参加正式会议,要注意自己的仪容仪表,做到服饰整洁,穿着大方得体协调,女士参会应化淡妆。

2. 遵守会议时间

参加会议,一定要在会议开始前到场,找好自己的座位。会议开始后再走进去就有失礼仪。

3. 言行举止要得体

(1)与会时应姿态端正,不交头接耳,不擅自离席,以免影响会议秩序和分散与会者的注意力。

(2)会议正式开始之前,向与会者打招呼,遇到不认识的朋友可以先做自我介绍,双方有意可以互留联系方式。

(3)会议中不做与会议无关的工作,不翻阅与会议无关的文件。应随身携带笔记本,做好会议记录。

(4)将手机调至静音或者震动模式,关闭手机屏幕。不在会议上用手机打电话、频繁发消息,如遇紧急事情,尽量在半分钟内处理完毕。不要用手机浏览无关信息,更不能在会议上用手机娱乐。

(5)准备好与会议议题相关的文件或发言稿件。

(6)任何时候都不要打断别人的发言,轮到自己时再表明观点。别人发言过程中,不要通过语言、表情、动作,或者其他方式流露出你的不屑,应尊重每一位发言者。

(7)自己发言时,应举手示意,接到会议主持人提示后再发表意见。

(8)注意自己的姿态。保持抬头挺胸,精力集中。稍微流露出心神不宁或者疲劳厌倦的情绪,都会传达出消极态度,更不能在会议上打瞌睡。

(9)主讲人的课件或者笔记本未经允许不要擅自打开,如需拷贝会议资料,应征得相关人员同意。

(10)会议结束后,应向会议主席致谢,向新结识的好友道别,必要时可以向会议主办方表达敬意和致谢。

(二)发言礼仪

会议发言有正式发言和自由发言两种,前者一般是领导报告,后者一般是讨论发言。

1. 正式发言

发言者应衣着整齐,走上主席台时应步态自然,刚劲有力,展现出成竹在胸、自信自强的风度与气质。如果是站立发言,应双腿并拢,腰背挺直;坐姿发言时,应身体挺直,两手轻扶于桌沿。发言时应口齿清晰,讲究逻辑,简明扼要。如果是书面发言,要时常抬头扫视一下会场,不能低头读稿,旁若无人。发言完毕,应对听众的倾听表示谢意。

发言内容必须简短有力、条理清晰。啰嗦而无头绪的发言不仅让听众失去耐心,甚至会让听众怀疑发言人的专业水准。直接有力的开场白、清晰的观点陈述、必要情况下的加以强调,会使你立刻给听众留下深刻印象。

2. 自由发言

自由发言则较随意,但发言应讲究顺序和秩序,不能争抢发言;发言应简短,观点应明确;与他人有分歧时,应以理服人,态度平和,听从主持人的指挥,不能只顾自己。

如果有会议参加者对发言人提问,应礼貌作答,对不能回答的问题,应机智而礼貌地说明理由,对提问人的批评和意见应认真听取,即使提问者的批评不当,也不应失态。

(三)主持礼仪

会议的主持人,一般由具有一定职位的人来担任,其礼仪表现对会议能否圆满完成有着重要的影响。

1. 主持人必须注意着装,应衣着整洁,大方得体,得体的着装能体现良好的气质及对与会者的尊重。要保持精神饱满的状态,可以适当化淡妆。

2. 主持人走上主席台步伐应稳健有力,大方自信,行进中要抬头挺胸,目视前方,振臂自然。主持隆重的会议,步频适中,步幅要从容;主持热烈、欢快的会议,步频要快,步幅略大;主持纪念类会议,步频应放慢,步幅要小。

3. 重要会议开始之前,在步入主持位置的过程中,不要与会场上的熟人打招呼。一般性会议,如会议时间未到,落座后可以适当与邻座寒暄,向距离远的人点头、微笑致意。

4. 主持人所有言谈都要符合会议内容和气氛的要求,或庄重,或幽默,或沉稳,或活泼。

5. 主持人言谈应口齿清楚,思维敏捷。主持过程中,如会议出现僵局,要善于引导;

出现空场、冷场时应及时补白。遇到冷场时，要善于启发，让思维敏锐、外向型参会者率先发言，或提出有趣的话题，活跃气氛，引起与会者的兴趣，使之乐于发言。

6. 掌握会议时间与进程，不拖延时间，事先准备好会议议程，按照议程进行。

❋ 随堂练习

根据会议礼仪的学习内容，以小组为单位讨论汽车营销岗位人员应具备的会议礼仪，评选出本组最适合做会议主持的同学，然后上台展示，其他组同学对上台同学展示的会议主持礼仪说出自己的看法。

❋ 知识拓展

古代座次礼仪

我国是一个礼仪之邦，在古代人们交往中的座次是很讲究的，能够显示人们的社会地位和主人待客的不同态度。

就宫室内的座位来说，有着堂上和室内的区别。我国古代宫室的主要建筑一般为坐北朝南，通常是堂室结构，前堂后室。

古代的堂一般不住人，是举行活动和行大礼的地方。堂以南向为尊，帝王召见群臣议事，他的座位一定是坐北向南的。《易经》有云："圣人南面而听天下。"因此，古人常把称王称帝叫作"南面"，称臣叫作"北面"。古代的"南面"，即面朝南坐，其位为尊为上。如古代师生在课堂上教学，老师面朝南坐，学生则面朝北聆听老师的教诲。

室东西长而南北窄，室内最尊的座次是坐西面东，其次是坐北朝南，再次是坐南面北，最卑是坐东面西。古书上有"东家""西宾"的说法，古人将宾客和老师都安排在坐西朝东的座位上，以示尊敬。所以，对宾客和老师也尊称为"西席"或"西宾"。客人的座位在西，主人陪客的座位则在东，所以把主人称为"东家"。

以上是就堂上和室内而言，在车骑上则与此不同，车骑上的位次是以左为尊。比如成语有"虚左以待"，原意就是空出车骑左边的位置，以表示对人的尊敬。

任务二　汽车营销会展礼仪

【任务情境】

小贾已经在某汽车品牌4S店销售顾问岗位实习了一段时间。最近公司正在筹备十一国庆车展，为此还专门召开了销售部和市场部的联合调度会，会上要求各位员工为本次车展献言献策，争取通过车展提升本4S店销售业绩和品牌形象。小贾感觉实习大半年，大显身手的机会到了，这是她参加的第一次集中外展，兴奋的同时却又感到经验不足，无从下手。今天我们就来解决小贾的疑虑，一起看看营销会展应该掌握的知识和礼仪。

请思考：

1. 同学们，你们参观过车展吗？知道车展如何分类吗？
2. 如果你是小贾，公司派你去参展，你应该注意哪些礼仪呢？

【相关知识】

一、车展相关知识链接

法国是汽车的发源地之一，也是最早举行车展的地方。1898年，在法国汽车俱乐部的倡议下，第一次国际车展在巴黎的一个公园举行，大约有14万人前来参观，232辆汽车往返于巴黎与凡尔赛之间，汽车成为公众瞩目的焦点。从此以后，汽车车展在各地蓬勃发展。

随着时代的发展，车展风靡全球，其中德国法兰克福车展、美国底特律车展、瑞士日内瓦车展、法国巴黎车展和日本东京车展被誉为当今五大国际车展。而我们国家则是形成了以上海车展、北京车展、广州车展、成都车展、长春车展为代表的五大车展。

五大国际车展也各有自己的特点，比如：法兰克福是汽车工业的发源地之一，法兰克福车展尤其重视传播汽车的文化性；由于瑞士没有自己的汽车工业，所以日内瓦车展为各大汽车厂商提供了公平竞争的舞台；底特律车展则充满美国人的娱乐精神，吃喝玩乐无处不在，一应俱全；东京车展则以众多匪夷所思的“概念车”和最新科技的展示吸引观众眼球。国内五大车展，也是各自特点显明，有些影响力也已是世界级。

（一）车展的分类

车展按照执行范围可分为外部展览展示业务与内部展览展示业务，其中外部展览按照组织单位、影响力的差异划分为三个层级。

第一层级：A类车展

A类车展一般指国际级专业汽车展、政府相关大型展览会及其他展示活动，如北京车展、上海车展、广州车展、科博会、国内大型工业及科技类综合展览会等。

第二层级:B类车展

B类车展一般指国家及区域级专业汽车展、政府相关展览会及展示活动,如青岛车展、哈尔滨车展、重庆车展等。

第三层级:C类车展

C类车展指地方一般性汽车展览会及由地方主流媒体联合举办的大型展览展示活动。地方一般性汽车展览会指由非省会城市地方政府、协会在非重点销售区域举办的和汽车相关的展览会。

(二)车展前期准备

1. 展位租赁

经销商有义务为汽车厂家争取优异的展位和低廉的价格。给厂家申报时应提交展位单价、展位面积、组委会联系人以及联系方式,上传展位平面图和招商手册。展位价格必须真实,如经查有虚报价格情况,汽车生产厂家将立即终止费用审批,不给予费用支持并予以相应处罚。

2. 物料准备

车展所需物料应根据当期车展的促销计划单独准备,包含背景板(E级车展)、展架、车顶牌、横幅、单页、礼品等。

3. 车展培训要求

汽车专营店需要在车展前三天开始对销售顾问进行车展促销政策培训、话术培训、实操演练等,并拍摄照片,核销时作为考核指标。

4. 对车展大力宣传

宣传的重点应当是展览的内容,即展览会的展示车辆。只有这些产品,才能真正吸引各界人士的注意和兴趣。对展览会、展览内容进行宣传,可以采用下列八种方式:

(1)举办新闻发布会。

(2)邀请新闻界人士到场进行参观、采访。

(3)发表有关展览会的新闻稿。

(4)公开刊发广告。

(5)张贴有关展览会的宣传海报。

(6)在展览会现场散发宣传性材料和纪念品。

(7)在举办地悬挂彩旗、彩带或横幅。

(8)利用升空的彩色气球和飞艇进行宣传。

(三)展会撤展

展会的撤展工作一般安排在大会最后一天下午,主要进行会场情况登记和出馆工作。撤展通知一般包含如下内容:

(1)保持馆内秩序。

(2)要求每个参展商清理自己的展品并保管好。

(3)有序地组织出馆。

(4)进行最后的清理工作。

展览会的会后总结，是展览会的延续，在结束整个展会后要求对整个展览会工作情况进行整体分析，以便合理开展以后的工作。

二、展会基本礼仪

无论对于会展的承办方还是参展的汽车企业来说，展会礼仪都是非常重要的，良好礼仪会使参观展览的代表如沐春风，给人留下良好的印象。

(一)展会现场管理礼仪

展会承办方工作人员在展会现场的礼仪主要体现在会展代表的迎接工作、展会现场的办证环节、现场投诉处理过程、现场问题控制方面以及其他服务环节中。

1. 机场和车站是迎接会展代表的重要场所

在会展活动方案中，常在机场和车站设立代表接待站，为代表提供接待和咨询服务。训练有素的迎接人员会给会展代表留下美好、愉悦的第一印象。

迎接工作就像会展活动的门面工程，各环节处理得好，会给参加会展活动的代表留下美好而深刻的印象，并为会展活动的顺利开展打下基础。因此，在会展活动中，应事先就接待工作拟订计划，由指定的部门和人员负责，其间注重接待礼仪规范，把握好接待工作中的细节。

2. 展览会现场接待的第一环节是办证

对于人员较多的代表团，可事先将资料、票证办妥并发放给代表。对于在现场办证的代表，则应依据办证程序办理，接待人员应向远道而来的代表表示问候，并耐心地请代表出示邀请函、相关证件等，指导他们填写办证表格，引导代表来到制证场地办理。在办证过程中应多使用礼貌用语，如“请坐好”“请看摄像头”“请稍候”等，最后将制作好的证件双手递送给代表。

3. 现场投诉接待

会展活动的综合性特点，决定了投诉往往会伴随着会展活动的开始而产生。任何一个环节出现问题，都有可能造成会展参与者的不满和投诉。会展接待人员在接待投诉时必须遵守客户至上的原则，妥善处理投诉。

在接待客户投诉时一定要态度友善，保持阳光的心态，做到以诚待人，以礼待人。《增广贤文·上集》中说：“责人之心责己，恕己之心恕人。”处理投诉要懂得换位思考。

4. 现场问题控制

在展会过程中随时随地都有可能发生一些意外的事情，因此在展会期间必须有现场管理者维持秩序。现场管理者也是一个协调者，如果发生问题，他们可以在主办单位、参展单位、参观者和政府各部门之间进行沟通。

5. 其他服务

在展会期间，还应做好大会参观人数的统计、分类；做好大会展览会刊的发放，协调展会期间研讨会议组织安排工作，使研讨会与展览会有机结合；做好中间人工作，积极为企业牵线搭桥，为企业服务，如为企业提供洽谈间(休息室)、签约场所；及时将参观者的信息反馈给企业，积极与企业沟通，了解企业的想法及要求；统计大会的成交额；听取参会代表对大会的意见和建议；邀请参展商继续参加第二年展会；等等。

(二)参展汽车企业形象礼仪

在参加展览时,参展单位的整体形象对参展的成败影响极大。参展单位的整体形象,主要由展品形象、工作人员形象和汽车模特形象三部分构成,对于三者要给予同等的重视。

1. 展品形象

汽车展品的形象主要由展品的外观、展品质量、展品陈列、展位布置、发放资料等构成。用以进行展览的展品,外观上要力求完美无缺,质量上要优中选优,陈列上要整齐美观又讲究主次,布置上要兼顾主题的突出与观众的注意力。而用以在展览会上向观众直接散发的有关资料,则要印刷精美、图文并茂、资讯丰富,并且注有参展单位的主要联系方式,如公关部门与销售部门的电话、传真以及电子邮箱等。

2. 工作人员形象

工作人员的形象主要是指在展览会上直接代表参展单位参展人员的穿着打扮。在一情况下,要求在展位上工作的人员统一着装。最佳的选择,是身穿本单位的工作制服,或是穿着深色的西装、套裙。在大型展览会上,参展单位若安排专人迎送宾客,最好请其身穿色彩鲜艳的单色旗袍,并胸披写有参展单位或其主打展品名称的大红色绶带。全体工作人员皆应在左胸佩戴标明本人工作单位、职务、姓名的胸卡,注意不要佩戴首饰,男士应当剃须,女士则最好化淡妆。

能否在展会上取得成功,在很大程度上取决于展位接待人员的表现。因此,企业在参展前应注意对展位接待人员的挑选,并对展位人员进行专业知识及礼仪接待等各方面的培训。在展位接待过程中应注意以下礼仪要求:

(1)热情待客

展会实际上是现场营销的战场,展会上容易分散人们注意力的因素有很多,因此展位接待人员应当在开展前做好相应的准备,热情待客,用微笑对待每一位经过展位的观众,主动向对方打招呼。对于正在展位参观的观众,接待人员应耐心地进行讲解并善于分辨及识别潜在客户,分发相关的印刷品和宣传材料。热情解答参观者的问题,让观众高兴而来,满意并带着收获离开,使展位展览取得成功。当观众离开时,工作人员应当真诚地向对方欠身施礼,并道以“谢谢光临”或是“再见”。

(2)熟悉展品

展位接待人员应提前接受必要的专业知识培训,如有针对性地了解一些公司产品的资料、竞争对手的信息以及重要客户的情况,明确公司参展的目的和期望,以便胸有成竹地与观众和潜在客户打交道。

(3)善于交流

展会接待人员要擅长和陌生人交谈,了解观众及客户的需要,具有较好的亲和力。此外,还要拥有一定的解说技巧,能够因人而异,解说具有针对性。展位接待语言应简洁、明了、富有条理,抓住观众心理和展品特点,适时地与观众进行交流并提供服务,以树立公司的专业形象。

(4)学会倾听和解说

展位上接待人员的倾听十分重要,应专注而有意识地发现观众的兴趣爱好。讲解时,要注意语言流畅、语调柔和、声音清晰。同时,还要善于运用倾听和解说技巧,向观众介绍说明展品并掌握一定的方法和技能。

(5)礼貌欢送

当观众离开时,接待人员应礼貌地与观众道别,并致以"谢谢参观,再见"等礼貌用语,给观众留下美好而难忘的印象。

3. 汽车模特形象

车展模特与时装模特不同,车模要表现车而不要过多地展示自身,通过气质、装束、造型、语言、表演、创意及汽车知识等方面来体现汽车的品位和用途。因此,对汽车模特的选择也应该更加严格。

(1)气质匹配

每一种车型都具有不同于其他车型的气质和内涵,模特的气质也应与车型相匹配,达到车人合一。不同的汽车品牌,不仅所选择的模特类型要有所不同,其着装也是泾渭分明。

(2)喜爱展品

模特只有喜欢一款车、了解一款车,才能真正影响到消费者,让消费者爱屋及乌。

(3)有耐力

汽车展览时间长、场地小,要求汽车模特工作的时间相对较长,需要一定的耐力。

(4)具备汽车专业知识

从某种意义上讲,汽车模特也是汽车推销员,她们不仅仅是车展的装饰、点缀,有时也要解答观众的疑问。

随堂练习

根据展会礼仪的学习内容,以小组为单位讨论汽车营销岗位人员应具有的展会礼仪,评选出本组最适合做展会服务的同学,然后让他们上台展示,其他同学说出自己的看法。

(三)会展司仪礼仪

会展司仪是展会各种仪式、活动的主持人,从事会展仪式、活动方案策划、程序推进、气氛调节和关系沟通等工作,是串联整个会展仪式、活动进程的灵魂人物。可见,司仪是会展活动中不可或缺的重要角色,而掌握司仪礼仪规范是司仪人员工作的重点。

1. 仪式、活动前

会展司仪负责导入、串联、配合会展仪式、活动的各环节,推进活动程序,在主持各种仪式、活动开始之前,司仪人员一般要做好如下工作:

(1)了解会展仪式、活动的各种目的、要求。

(2)尽可能参与会展活动方案的构思和撰写。

(3)承担会展仪式、活动的筹办。

(4)熟悉会展仪式、活动程序。

(5)明确主持活动过程中的礼仪要求。

可见,会展司仪人员不仅需要具备良好的语言表达能力,还应做好主持活动前的各项准备工作,做到心中有数,从而为会展活动的顺利进行打下良好的基础。

2. 仪式、活动中

在主持仪式、活动时,司仪一般应按以下程序进行:

(1)做好准备工作。司仪应严格控制时间进程,在仪式、活动开始前,应力争让一切工作准备就绪,并安排主席台上的会议领导及嘉宾依次入席,严格执行议程的时间安排。

(2)宣布会议开始。为了表现对按时出席仪式及活动的领导和嘉宾的尊重,司仪应当准时宣布会展仪式、活动正式开始,并请全体起立奏国歌。

(3)介绍主要来宾。介绍"出席××活动的领导、贵宾"时,应按职位高低介绍。一般情况下,先介绍外宾、外单位领导人,各主办单位领导应排在宾客后面,但如果主办单位领导是国家领导人则应先介绍。如果有外国驻华大使参加,因其是外国元首的代表,故介绍时应将其位置适当提前。

(4)邀请致祝词或开幕词。司仪邀请领导或贵宾致辞,祝词或开幕词的内容可包括此次会展活动举办的目的和意义,对所有来宾表示感谢,对会议、展览活动的祝愿和期待等。祝词或开幕词应当热烈而简短。

(5)介绍会展仪式、活动程序。司仪的介绍能让代表了解仪式、活动的具体安排及时间。

(6)宣布会展隆重开幕,一般以剪彩、奏乐、舞狮等为标志。

(7)司仪按程序进行会展各项活动或邀请嘉宾参观展览。

会展主持人的礼仪表现对会展仪式、活动能否取得圆满成功有着重要的影响。

仪式感对于中国人来讲很重要,在婚礼、传统节日庆典、开业庆典等场合,都可见到司仪的身影。仪式感是人们表达内心情感最直接的方式,仪式感会让人变得更加幸福。《荀子·修身》有云:"人无礼则不生,事无礼则不成,国家无礼则不宁。"可见,礼仪不仅对于个人和国家来讲很重要,对于做事来说也很重要。

知识拓展

会展中的演讲礼仪

有时候会展活动中还需要演讲,常见的演讲形式有欢迎(致贺)、欢送(答谢)、解说(简介)等。为了便于掌握,以下分别介绍几种不同形式的演讲礼仪。

1. 欢迎(致贺)时的演讲礼仪

在会议、展览开幕时,为会展活动的举行而表示祝贺,为远道而来的嘉宾致以热情洋溢的欢迎词,往往必不可少。准备贺词及欢迎词时,通常应考虑对象、场合、内容与态度等。欢迎(致贺)时演讲的重点在于欢迎与祝贺。

(1)演讲时间设定在 3 分钟左右,一般不要超过 5 分钟,否则演讲的效果会有所降低。

(2)演讲稿也应事先准备并加以背诵,以便在演讲台上能应付自如,不应低头照念稿子。

(3)演讲者的语言应生动、形象,幽默、风趣,可使用名言、诗词或描绘性的语句,以增强演讲的效果，但要注意不能使用不规范的语言或乱开玩笑，否则会引起听众的反感。演讲的开场白没有固定模式，首先介绍姓名，并向来宾致意，郑重表达欢迎之意，对即将举行的活动表示祝贺、建议与希望等。

2. 欢送（答谢）时的演讲礼仪

会展活动结束时，应对参加会展活动的代表及嘉宾表示感谢和欢送。与欢迎相比，欢送多了一分惜别，少了一分热烈，但更增添了真情实感，所以欢送时的演讲重点在于感谢与祝福，主要包括以下内容：

(1)对会展活动进行回顾和总结。

(2)表达惜别之情。

(3)对参加会展活动的代表及嘉宾表示感谢并送出美好的祝福。

3. 讲解（介绍）时的演讲礼仪

在会展活动中，这种演讲形式十分常见，尤其是在确定主题的会议或展览会上，相关人员、展位服务人员需要对会议推介的项目、展览展出的产品及企业进行讲解和介绍。此时，演讲者应注意以下三点：

(1)注重与听众、观众的交流，演讲时可适当使用手势，将观众的注意力转移到需要介绍的产品和内容上。

(2)解说应具有针对性。解说和介绍的内容应针对展览或会议的主题展开，突出项目和展品的特点及优势。

(3)解说时应镇定、大方，并配合所介绍项目和产品特点选择解说风格，既要保持演讲者的风度，也要注意演讲的效果。

★礼仪技能训练

汽车营销会务礼仪展示

<table>
<tr><td>实训目标</td><td colspan="2">掌握会议及车展礼仪的规范
能够熟练按照职业岗位要求展示会议及展会礼仪</td></tr>
<tr><td rowspan="2">实训准备</td><td>场地准备</td><td>礼仪一体化教室</td></tr>
<tr><td>工具准备</td><td>模拟会议室及模拟车展展台</td></tr>
<tr><td>汽车营销会议及展会礼仪职业规范</td><td colspan="2">小组讨论，明确汽车营销岗位人员需要的会议礼仪及展会礼仪规范并记录如下：</td></tr>
</table>

续表

任务实施	按照汽车营销会议礼仪及展会礼仪进行情景模拟并分组展示				
考核评价					
评价项目	会议准备	座次安排	参会发言	会议主持	展会接待
评价标准	符合会议礼仪要求			自信得体	热情专业
第 1 组					
互评记录	优点				
	缺点				
第 2 组					
互评记录	优点				
	缺点				
第 3 组					
互评记录	优点				
	缺点				
第 4 组					
互评记录	优点				
	缺点				
自评反思					

★学习评价

通过对本项目的学习，你掌握了多少礼仪小知识呢？下面来测一测吧！

选择题

1. 以下哪些关于会议主持的描述是错误的？（　　）

A.主持是协助会议主席控制会议的人

B.主持的职责主要是读议程和唱名

C.全程掌控会议，发表意见

D.提醒主席注意会议时间

2. 以下哪种会议形式需特别注意座次安排？（　　）

A.环绕式　　B.散座式　　C.圆桌式　　D.主席式

3.（多选）以下哪些是会议主持应该做的？（　　）

A.清楚自己的定位，在会议上协助会议主席，不喧宾夺主

B.会议上衣着得体

C.会场是严肃的场合，所以在会议上应该保持表情严肃

D.要在会场上当好绿叶，运用自己的应变能力为主席助力

4.(多选)以下哪些行为是合乎会场礼仪规范的？(　　)

A.要专心“听会”，发言要服从会议安排

B.为避免影响他人，会上私下小声说话交流

C.中途退场时应轻手轻脚

D.会前与邻座打招呼或点头致意

5.(多选)下列关于会议发言的说法哪种是错误的？(　　)

A.正式发言一般需要走上主席台

B.为活跃会场氛围，自由发言时可以踊跃抢答，随时发言

C.发言时如遇参会者提批评建议，应认真听取；如果批评错误，则可置之不理

D.书面发言时，也要不时扫视全场，不能低头读稿，旁若无人

6. 世界上第一次车展在以下哪个国家举行？(　　)

A.德国　　B.法国　　C.美国　　D.意大利

7. 国际级专业汽车展、政府相关大型展览会及其他展示活动，如北京车展、上海车展，属于哪种类型的车展？(　　)

A.A 类　　B.B 类　　C.C 类

判断题

8. 会展接待人员在接待投诉时必须遵守客户至上的原则，妥善处理投诉。(　　)

9. 青岛车展属于 C 类车展。(　　)

10. 参展单位的整体形象，主要由展品的形象与工作人员的形象两部分构成，对于二者要给予同等的重视。(　　)

项目七 汽车营销社交礼仪

一个人想要在职场上获得成功，一个企业想要生存和发展，都离不开商务交往。对于汽车营销人员来说，在商务交往中除了与人为善、讲信重义外，遵守社交礼仪也是顺利开展汽车服务工作的重要条件。

★学习目标

素质目标

通过对汽车营销工作中的拜访、宴请等主要社交礼仪的学习和实践，具备诚信品格，传承中华民族“礼仪之邦”的文明气质，从而更好地适应工作岗位，融入社会，提高自身的道德修养和人文素养。

知识目标

掌握汽车营销社交礼仪中的拜访礼仪、宴请礼仪。

能力目标

能在汽车营销拜访、宴请等社交活动中合理地展现相关礼仪，展现自信，塑造良好的个人形象和企业形象。

★学习任务

任务一　汽车营销拜访礼仪

【任务情境】

小勇是一位刚大学毕业新入职的汽车销售人员，今天准备去拜访×××公司的王经理。由于没有王经理的电话，没有提前预约就直接去了王经理的公司。小勇刚入职还没有公司的制服，所以他选择了休闲运动打扮。到达王经理办公室时，刚好王经理正在接电话，王经理就示意让小勇在沙发上坐下。小勇便往沙发上一靠，跷起二郎腿，一边吸烟一边悠闲地环视着王经理的办公室。在等待的时间里不时地看表，还从沙发上站起来在办公室里来回走动，随手翻看在茶几上的一些资料。

请思考：

小勇这次拜访的成功概率高吗？如果不高，请你指出他失礼的地方。

【相关知识】

一、拜访前的准备

(一)提前预约

拜访客户前，务必提前预约，这是基本礼仪之一。

一般来说，普通的工作拜访应提前一周预约，即使不能提前一周预约，至少也要提前3天预约。如果要拜访的人、会谈的事情都非常重要，应提前半个月甚至一个月预约，以保证对方能提早妥善安排。

未经预约唐突到访客户公司，可能会给客户造成不便。如果对方不在，则会浪费自己不必要的时间。

1. 选择预约方式

(1)预约方式有电话预约、当面预约和书信预约。

(2)预约的内容主要有以下四点：

①自报家门(姓名、单位、职务)；

②询问被访者是否在单位或其他拜访的场所，是否有时间或何时有时间；

③提出访问的内容(公务或者是礼节性拜访)，使对方有所准备；

④在对方同意的情况下确定具体的拜访时间、地点。

无论哪种预约，口气和语言一定是友好、恳切、商量式的，而不能用强求命令式的口气要求对方。

2. 选择预约时间

(1)公务拜访。应选择对方上班时间，但要尽量避开周一上午的时间，因为这个时间大多数人正在参加例会。

(2)私人拜访。以不影响对方休息为原则，尽量避免在吃饭、午休或晚间21:30以后登门。一般情况，上午9:00～10:00、下午15:00～16:00或晚上19:00～20:00是最适宜的时间。还应尽量避免在夏天安排太多的私宅拜访活动。

拜访要守时守约，遵守时间是人们交往中最基本的礼貌。在交往中，未约定的拜访，属于失礼的表现，很不受欢迎。如果有要紧的事必须前往，一定要表示歉意并解释清楚。

3. 选择预约地点

(1)办公地点。在商务活动中需要拜访客户时，可直接把拜访地点选在对方的办公地点。

(2)私人住宅。到私人住宅拜访也是常见的一种拜访地点。

(3)娱乐场所。很多人会选择咖啡厅、茶楼等公共娱乐场所。

(二)访前准备

1. 形象准备

在拜访前必须整理好自己的形象，给人以专业、干练的感觉，如图7-1所示。

图7-1 访前准备

2. 资料准备

准备好自己的名片、宣传单页、报价单、车型资料、笔记本等电子设备等。

3. 拜访的说辞准备

汽车服务人员第一次登门拜访，可以按以下内容与客户交流，即：介绍公司概况；递交产品资料；了解客户车辆保有情况；了解客户车辆采购方式和程序；了解客户车辆采购主管部门及负责人情况；了解客户近期车辆采购信息；等等。

二、拜访过程礼仪

(一)准时赴约

1. 电话预告

无论是商务拜访还是私人拜访,汽车服务人员在拜访的当天还应提前电话预告,一方面让对方有所准备,另一方面看对方是否有空约见。因故不能准时抵达,需及时通知对方,必要的话要延期拜访。在这种情况下,还要郑重地向对方道歉。

2. 如约而至

认真遵守约定好的上门拜访时间,最好提前10分钟到,这10分钟可以用来整理自己的衣饰和调整精神状态,检查资料是否齐全等。对于一个企业和团体来说,诚信是一种形象、一种品牌、一种信誉,是企业兴旺发达的基础,也可以说是立业之本。诚信作为一项普遍适用的道德规范和行为准则,是建立行业之间、单位之间以及人与人之间互信、互利的道德杠杆。

3. 耐心等待

当约定时间已到但对方还未到时,要耐心等待。这期间可以查看自己的文件或者观察对方室内陈列,以此来了解客户的一些爱好,可以迅速地拉近与客户的关系。无论对方是因为什么事情迟到,都不要对迟到的人产生不满和抱有敌意。如果对方临时有事不能赴约,也一定不要表现过激,而应再次约定拜访的时间。

(二)敲门进入

汽车营销人员不论是到拜访客户家里还是办公室,事先都要敲门或按门铃,等到有人应声允许进入或出来迎接时方可进去。即使门敞开着,也不能擅自进入,这样做是非常不礼貌的。敲门时,要用食指,力度适中,间隔有序敲三下,等待回音。如无应声,可再稍加力度,再敲三下,如有应声,再侧身隐立于右门框一侧,待门开时再向前迈半步,与主人相对。

(三)举止大方,温文尔雅

汽车营销人员与拜访的客户见面后,打招呼是必不可少的。如果双方是初次见面,拜访者必须主动向对方致意,简单地做自我介绍,然后热情大方地与被拜访者行握手之礼。如果双方已经不是初次见面,主动问好致意也是必需的,这样可显示自己的诚意。说到握手需要强调一点,如果对方是长者、高职或女性,自己不能先将手伸出去,这样有抬高自己之嫌,同样可视为对他人的不敬。

见面礼行过以后,在主人的引导之下进入指定房间,待对方落座以后,自己再坐到指定的座位上。

(四)开门见山,切忌啰嗦

谈话切忌啰嗦,简单的寒暄是必要的,但时间不宜过长。因为被拜访者可能有很多重要的工作等待处理,没有很多时间接见来访者,这就要求谈话要开门见山,简单的寒暄后直接进入正题。

当对方发表自己的意见时,打断对方讲话是不礼貌的行为。应该仔细倾听,将不清楚的问题记录下来，待对方讲完以后再请求其就不清楚的问题给予解释。如果双方意见产生分歧，一定不能急躁，要时刻保持沉着冷静，避免破坏拜访气氛，影响拜访效果。

(五)把握拜访时间

在商务拜访过程中，时间为第一要素，拜访时间不宜太长，否则会影响对方其他工作的安排。如果双方在拜访前已经设定了拜访时间，则必须把握好已规定的时间。如果没有对时间问题做具体要求，那么就要在最短的时间里讲清所有问题，然后起身离开，以免耽误被拜访者处理其他事务。

❋ 随堂练习

假设你是某4S店大客户经理，你的一个长期合作的大客户最近新开了一家公司，你同时得知新公司计划采购公司用车，你打算趁对方公司新开张这一段时间前去拜访一下，顺便谈谈新车采购的事情，请根据拜访过程礼仪的学习内容，以小组为单位模拟以上情境中的拜访礼仪，其他组的同学对上台展示的小组指出优点和不足。

❋ 知识拓展

如何聆听

在拜访客户的时候，要想与客户进行有效的沟通，还需要学会正确的聆听。

在拜访沟通时坐姿端正，身体挺直，表现出精神饱满的状态，切忌挠头、抖腿等不雅举止。聆听时要专心，与客户保持目光接触，仔细听清对方所说的话。聆听的过程是一个积极思考的过程，要边听边想，准确把握客户话语里的隐含义，而只有准确把握了他人的真实想法，才能使自己做出正确的判断。具体做法有：

(1)看着客户的眼睛。

(2)对客户的表述要有适时的反应。

(3)要引导客户说出心中的需求。

(4)一直保持微笑，态度谦虚。

三、拜访结束

拜访结束时，如果谈话时间过长，起身告辞时，要向客户表示歉意。出门后，回身主动与客户握别。待对方留步后，走几步再回首挥手致意。

任务二　汽车营销商务宴请礼仪

【任务情境】

汽车营销专业毕业生小勇入职不久就有机会参与了公司的一次重要宴请的筹备工作。宴请的对象是××汽车集团采购部的刘部长和王经理，公司出席的有总经理和销售部刘经理，请大家帮小勇一起想想该如何安排此次的宴会邀请。

【相关知识】

商务宴请对于商务人员来讲在所难免，在愉悦、放松的用餐状态下有利于达成共识，实现商务交往的真正目的。但是在商务宴请的过程中，一举一动关乎礼仪，能否得体地展现宴请礼仪，不仅体现个人的职业能力和素养，也关系到企业形象。

一、设宴礼仪

（一）前期准备

1. 确定宴请范围、名单

确定宴请范围、名单是指设宴招待的主要宾客，也就是举办宴会请什么人、请多少人、请到哪一级别，同时也包括请一些有关单位和本单位的相关作陪人员。一般以设宴目的、宾主身份及主要宾客所在地的习惯为依据。宾主赴宴的总人数，以偶数为好。

2. 选择恰当的时间、地点

（1）要给宴请选择一个“黄道吉日”并不是一件十分简单的事情，但选择最佳宴请时间，争取最佳宴请效果，是汽车营销人员所应努力追求的。

选择时间的第一原则是商务活动的实际需要，太早或者太晚都会减弱甚至失去宴请的意义。同时，选择时间还应当尽量避开对方的禁忌日。例如，邀请西方人赴宴，应尽量避开每月的13日和星期五，因为西方人把“13”看成是一个不吉利的数字。如果宴请日本人，宴请的时日应避开“4”和“9”，这是因为在日语中，“4”与死的发音相同，“9”与苦的发音一致，所以日本人普遍忌讳这两个数字。穆斯林在斋戒日太阳没有落山时禁止进食，宴请宜在日落后进行。

（2）宴请的地点要根据活动的性质、规模、宴请的形式、主人的意愿以及实际可能而定。越是隆重的活动，越要讲究环境和条件，因为它体现了对宾客的礼遇。

3. 及时、准确地发出请柬

各种宴请活动，均应提前向宴请对象发出邀请。这既是对宾客的通知，起提醒、备忘作用，同时又是宴请必备的礼貌形式。正式宴请活动，多采用书面邀请的形式，由举办者发出请柬或邀请信；非正式宴会，则可以是电话或口头邀请。

（1）书面邀请。书面邀请包括请柬邀请和信函邀请，请柬邀请和信函邀请应提前一至两周发出，以便被邀请人及早安排时间。需要安排座次的宴请必须注明要求被邀请人答复能否出席。注意：书面邀请的请柬或邀请信上要注明席次。对不熟识的人，或在比较偏僻的地方，要附路线说明。如有晚会活动，还需附上入场券和活动节目程序表。

请　柬
尊敬的________先生（女士）： 　　为__________，兹定于______年______月______日（星期____）晚________时在__________大厅举行宴请。 敬请 　　光临 ××（签章） ××××年×月×日

邀请函
尊敬的________先生： 　　您好！ 　　________单位将于______年______月______日在____________地，举办________________________________活动，特邀您参加，谢谢。 ××署名 ××××年×月×日

(2)电话邀请。电话邀请的时间短促，通话前应写好说话提纲，用语比书面要求更高，要从语音、语调上让对方感受到亲切、真诚，以加深对方印象。如果不是被邀请者本人接电话，建议接电话人做好记录备忘，以便转告被邀请者。

(3)口头邀请。适用于非正式的、小范围的宴请。举办人有意设宴时，应先征询被邀主宾的意见，最好是彼此见面时借机口头邀请。若口头邀请不能一次得到对方的肯定答复，可再约时间敲定或用电话表达邀请的诚意，以得到对方最后正式答复为准。

4. 慎重地选择宴会菜单

宴会菜单主要根据来宾口味、宴会规格档次确定，一般是由宴会主办方与餐厅负责人共同商议决定，其中要避免出现触犯个人禁忌、民族禁忌、宗教禁忌的菜肴。菜式应有主有次，有冷有热，有荤有素。

知识拓展

中餐点菜指导——“三优四忌”

一顿标准的中式大餐，通常先上冷盘，接下来是热炒，随后是主菜，之后上点心和汤，如果感觉吃得有点腻，可以点一些餐后甜品，最后是上果盘。在点菜中要顾及各个程序的菜式，采用“三优四忌”的方式。

点菜的三个优先选择：

1. 有中餐特色的菜肴优先。宴请外宾的时候，这一条更要重视。像春卷、元宵、水饺、狮子头、宫保鸡丁等，并不是最昂贵的佳肴美味，但因为具有鲜明的中国特色，所以受到很多外国人的推崇。

2. 有本地特色的菜肴优先。比如西安的羊肉泡馍、湖南的毛家红烧肉、上海的红烧狮子头、北京的烤鸭，在本地宴请外地客人时，上这些特色菜，会比千篇一律的生猛海鲜更受好评。

3. 本餐馆的特色菜优先。很多餐馆都有自己的特色菜。上一份本餐馆的特色菜，能说明主人的细心和对被邀请者的尊重。

在安排菜单时，还必须考虑来宾的饮食禁忌，特别是要对主宾的饮食禁忌高度重视。这些饮食方面的禁忌主要有四条：

1. 宗教的饮食禁忌一点也不能疏忽大意。例如，穆斯林不吃猪肉，不喝酒。佛教徒不吃荤腥食品，它不仅指肉食，而且包括葱、蒜、韭菜、芥末等气味刺鼻的食物。一些信奉观音的佛教徒在饮食中禁吃牛肉，在招待港澳台及海外华人同胞时尤其要注意。

2. 出于健康的原因，对于某些食品也有所禁忌。比如：有心脏病、脑血管疾病、动脉硬化、高血压和中风后遗症的人，不适合吃高脂肪高胆固醇的食物；患有胃肠炎、胃溃疡等消化系统疾病的人也不适合吃辛辣菜品；高血压、高胆固醇患者，要少喝鸡汤；等等。

3. 不同地区，人们的饮食偏好往往不同。对于这一点，在安排菜单时也要兼顾。比如，湖南人普遍喜欢吃辛辣食物，少吃甜食。在宴请外宾时，尽量少点生硬需啃食的菜肴，因为西方人在用餐中不太会将咬到嘴中的食物再吐出来，这也需要顾及。

4. 有些职业在餐饮方面往往也有一些特殊禁忌。例如司机、医生、警察、高空作业人员等在工作期间不得饮酒，如在宴请时时忽略了这一点，就会使对方犯错误或深陷危险之中。

(二)桌位、座位排列

较为正式的宴会，首先要排好桌位、座位，并在每个座位前摆放名签，最好在宴会入口较为醒目的地方贴出座位图，标好桌号。主桌应按“面门为上，以远为大，居中为尊，以右为尊”的原则确定；平行桌以右桌为高，左桌为低；其余桌次的高低以离主桌位的远近而定，近为主，远为次。桌次安排如图 7-2 所示。

排座“右为上”是国际惯例，以主人为中心，以右为上(右主左次)，对着门口的座位为主位，离门口最近的为次位，其他位次以离主位的远近而定。圆桌宴请座位安排如图 7-3 所示。安排座位时，还要遵循以下礼仪：

(1)把主宾安排在显要的位置；

(2)夫妇一般不相邻而坐；

(3)在遵照礼宾次序的前提下，尽可能使相邻就座者便于交谈；

(4)主人方面的陪客，应尽可能插在客人之间坐，以便同客人接触交谈，避免自己人在一起。

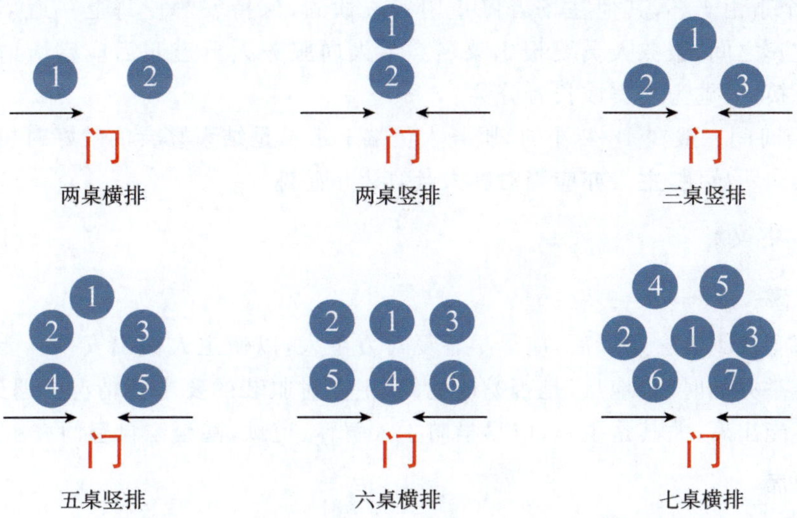

图 7-2　桌次排列

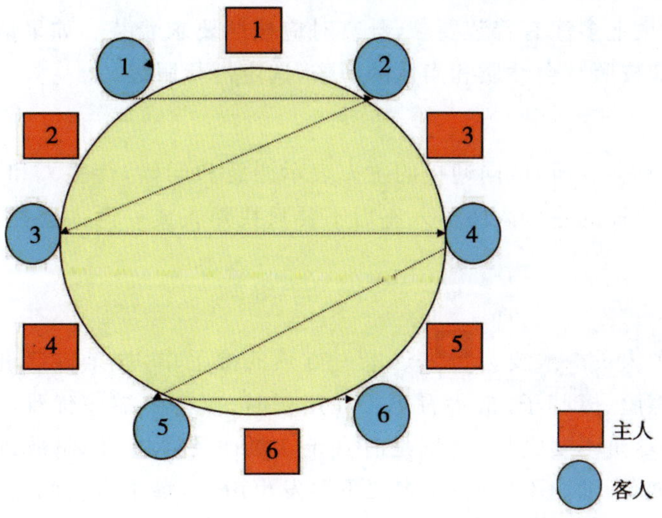

图 7-3　座位排列

(三)宴会进程

1. 宴席开席前，主办方应提前到宴会地点检查准备工作。开宴前，主办方应站在门口迎接宾客，客人到达后，主办方应迎上前去握手，互相问候，对来宾表示欢迎，不要疏忽冷落了任何一位客人。

2. 大型宴会可在宴会厅门前陈列“桌次排列简图”，让来宾依据请柬提示对号入座，也可以由工作人员或服务人员引座。主宾入座时，全体客人要表示欢迎，主人与客人互做介绍，增进交流。

3. 正式宴会中，在主宾入席后、用餐开始前，主人与主宾分别致辞，并由主人向来宾提议，为某个事由干杯，其他在场者停止用餐或饮酒，保持安静。每上一道菜，一般要转至主人与主宾之间，服务人员要报出菜名。主人向服务人员道谢后应盛情请大家品尝，主人可用公筷、公匙为主宾或长者分菜。

4. 宴会时间一般在1～2小时，服务人员端上水果是结束宴会的较好时机，离席时客人需向主人表示感谢，主人亦应当对客人赴宴表示感谢。

二、赴宴礼仪

(一)应邀

被邀请者接到宴会邀请后，应尽早答复对方主人，以便主人做出安排。能够出席时，要核实宴会举办的时间、地点，是否邀请配偶，主人对服装的要求等情况。遇到不得已的特殊情况不能出席，尤其是主宾，应尽早向主人解释、道歉，甚至亲自登门表示歉意。

(二)出席

出席宴会要掌握赴宴时间，按照请柬标明的宴会时间准时到场。遵守宴会时间，适时抵达，在一定程度上反映了宾客对主人的尊重，一般情况下，要在宴会前3～5分钟到达。如因故不能准时赴宴，应提前打电话通知主人，说明原因。

正式宴会的请柬上多注有着装要求，赴宴时应按照要求着装。如果请柬上没有注明着装要求，赴宴时应按照宴会性质和当地的习俗，选定例行服装。

(三)交谈

被邀请者到达宴会场所，应向迎接的主人表示谢意和问候，待主人和主宾入座后，再在自己的席位处从座椅的左侧入座。入座后不要只找熟人或一两人说话，应热情有礼地与同桌人交谈。

(四)进餐

在用餐前，服务人员一般要为每人送上一方热的湿毛巾，这是供给进餐者擦拭双手用的，不可以用于擦脸、擦脖子、揩手背等。在用餐时，仪态要端庄优雅，不能摇头晃脑、大声喧哗。餐桌旁尽量不要吸烟，特别是有女士在场时更不能吸烟；放进嘴里的东西不要吐出来；让菜不夹菜，助酒不劝酒；吃东西不要发出声音，嘴里有食物时不与人交谈；咳嗽、打喷嚏或打哈欠时，应转身低头用手绢或纸巾捂着。

(五)饮酒

宴会上，喝酒要慢酌细饮，要懂得祝酒礼节。碰杯的礼仪是主人和主宾先碰，碰杯时要目视对方致意；人多时可同时举杯示意，不一定碰杯；祝酒时注意不要交叉碰杯。在主人和主宾致辞、祝酒时，应暂停进餐，停止交谈，注意倾听。主人和主宾讲完话与贵宾席人员碰杯后，往往到其他各桌敬酒，遇此情况应起立举杯。如果不善于饮酒，当主人或其他客人向你敬酒时，可以婉言谢绝。

(六)离席致谢

一般是吃完水果后，主人起身，表示宴席即将结束，主宾离席。赴宴者应起身离座，不可贪杯恋菜，拖延撤席。离席时，应帮助隔座长者或女士拖拉座椅，主宾应向主人告辞，随后是一般来客向主人表示谢意，称赞宴会组织得好、菜肴丰盛精美等。

❋ 随堂练习

根据赴宴礼仪的学习内容，以小组为单位设计并模拟赴宴礼仪的情境并上台展示，其他组的同学给出自己的看法。

❋ 知识拓展

餐具的使用礼仪

一、中餐餐具的使用礼仪

1. 筷子的使用。筷子应握在上端三分之一处，不要用嘴吸吮筷子上的汤汁，更不能出声，不要用筷子敲打盆碗，不要说话时用筷子指指点点，不要用筷子剔牙、挠痒或是夹取食物之外的东西。夹菜时，不能用筷子在菜盘里拨来拨去，将菜肴上下乱翻。遇到别人也来夹菜时，要注意避让，谨防“筷子打架”。一般在正式宴会时，应准备公筷、公用调羹，将所需菜肴接夹到自己的盘碟中，然后再用自己的筷子慢慢食用。

2. 碗的使用。中餐的碗主要用来盛饭、盛汤。就餐时，可以用手捧着饭碗进餐，饭碗的高度大致和下巴持平。拿碗时，要用左手的四个手指支撑碗的底部，将拇指放在碗口处。

3. 餐勺的使用。中餐里餐勺的主要作用是舀取食物。在用餐勺取餐时，不要舀取过满，以免溢出弄脏餐桌或自己的衣服；可在舀取食物后，在原处“暂停”片刻，待汤汁不会流出时，再移向自己。在用筷子取餐时，也可以使用餐勺来辅助取食，但是尽量不要单独使用餐勺。

4. 食碟的使用。在使用食碟时，不吃的残渣、骨、刺不要吐在地上、饭桌上，而应轻轻取放在食碟前端，放的时候不能直接从嘴里吐在食碟上，要用筷子夹放到碟子旁边。

5. 水杯的使用。水杯主要用来盛放清水、汽水、果汁、可乐等饮料，不能用来盛酒，也不要倒扣水杯。

二、西餐餐具的使用礼仪

1. 刀叉的使用。在正规的西餐宴会上，通常讲究吃一道菜换一副刀叉，不可以从头至尾只用一副刀叉。在使用刀叉时，需要临时将餐刀放下，则不可刀口向外；双手同时使用刀叉时，叉齿应当向下，右手持叉进食时，则应叉齿向上。

2. 刀叉的摆放。在西餐就餐过程中，刀叉摆放为刀右、叉左，刀口向内、叉齿向下，呈汉字的“人”形，表示此菜尚未用毕；刀右、叉左并排纵放，或者刀上、叉下并排横放在餐盘里，刀口向内、叉齿向上，其含义是侍者可以将刀叉及餐盘一起收走。

3. 餐勺的使用。在正式场合下可使用多种餐勺。小的餐勺是用来喝咖啡和吃甜点的；扁平的餐勺用来涂黄油和分食蛋糕；比较大的餐勺，用来喝汤或盛碎小食物；最大的公勺是用于分食汤的，常见于自助餐。汤勺和甜点勺除了喝汤、吃甜品外，绝不能直接舀取其它主食和菜品。进餐时不可将整个餐勺全部放入口中，应以其前端入口。餐勺使用后，不要再放回原处，也不要将其插入菜肴或“直立”于餐具中。

★礼仪技能训练

汽车营销岗位拜访礼仪展示

<table>
<tr><td>实训目标</td><td colspan="5">掌握拜访礼仪的规范
能够熟练按照职业岗位要求展示个人形象</td></tr>
<tr><td rowspan="2">实训准备</td><td>场地准备</td><td colspan="4">礼仪一体化教室</td></tr>
<tr><td>工具准备</td><td colspan="4">会客桌椅等</td></tr>
<tr><td>汽车营销
拜访礼仪
职业规范</td><td colspan="5">小组讨论明确汽车营销岗位人员需要的拜访礼仪职业规范并记录如下：</td></tr>
<tr><td>任务实施</td><td colspan="5">按照汽车商务拜访礼仪职业规范进行演示并分组展示</td></tr>
<tr><td colspan="6">考核评价</td></tr>
<tr><td>评价项目</td><td>拜访预约</td><td>准备工作</td><td>拜访过
程礼仪</td><td>拜访时
个人形象</td><td>道别</td></tr>
<tr><td>评价标准</td><td colspan="3">符合岗位要求</td><td>搭配得体</td><td>规范</td></tr>
<tr><td>第 1 组</td><td colspan="5"></td></tr>
<tr><td rowspan="2">互评记录</td><td>优点</td><td colspan="4"></td></tr>
<tr><td>缺点</td><td colspan="4"></td></tr>
<tr><td>第 2 组</td><td colspan="5"></td></tr>
<tr><td rowspan="2">互评记录</td><td>优点</td><td colspan="4"></td></tr>
<tr><td>缺点</td><td colspan="4"></td></tr>
<tr><td>第 3 组</td><td colspan="5"></td></tr>
<tr><td rowspan="2">互评记录</td><td>优点</td><td colspan="4"></td></tr>
<tr><td>缺点</td><td colspan="4"></td></tr>
<tr><td>第 4 组</td><td colspan="5"></td></tr>
<tr><td rowspan="2">互评记录</td><td>优点</td><td colspan="4"></td></tr>
<tr><td>缺点</td><td colspan="4"></td></tr>
<tr><td>自评反思</td><td colspan="5"></td></tr>
</table>

宴请礼仪情景模拟

实训目标	掌握宴请礼仪的规范	
实训准备	场地准备	礼仪一体化教室
	工具准备	宴席桌椅、餐具等
汽车营销宴请礼仪职业规范	小组讨论明确宴请礼仪规范并记录如下：	
任务实施	按照宴请礼仪模拟商务宴请场景	

考核评价				
评价项目	前期准备		桌次、座次排列	进餐礼仪
评价标准	符合宴请礼仪要求			礼貌得体
第 1 组				
互评记录	优点			
	缺点			
第 2 组				
互评记录	优点			
	缺点			
第 3 组				
互评记录	优点			
	缺点			
第 4 组				
互评记录	优点			
	缺点			
自评反思				

★学习评价

通过对本项目的学习,你掌握了多少礼仪小知识呢,下面来测一测吧!

选择题

1. 在下面所列的时段中,因公拜访宜选择的预约时间为(　　)。

A. 周一上午 9 点　　B. 周三下午 3 点

C. 周五晚上 7 点　　D. 中午 12 点到下午 1 点

2. 当你跟客户谈话时,你应该(　　)。

A. 用心交谈　　B. 全部记下来

C. 边听音乐边谈话　　D. 自己说了算

3. 第一次与客户见面时你不应该做的事情是(　　)。

A. 问候与寒暄　　B. 请人介绍对方

C. 熟记对方的姓名　　D. 不说话

4. 当你和重要的人物用餐的时候,有人致电,你会(　　)。

A. 两声铃声内接听,并尽快结束通话

B. 不接听,假装是别人的手机在响

C. 向一起用餐的人表示歉意,并把手机设置成静音模式,优先考虑眼前一起用餐的人

D. 向一起用餐的人表示歉意,离开座位,到洗手间接听

5. 赴宴时,你发现旁边的人吃了你面包盘子里的面包,你会(　　)。

A. 告诉他拿错了,把面包要回来

B. 什么也不说,从你另外一侧的人的盘子里拿面包

C. 什么也不说,说服自己是不需要那个面包的

D. 让服务员再拿一个面包放在你的盘子的另一侧

6. 在参加宴会时,主人敬酒的时候,应该(　　)。

A. 拿起酒杯,干杯以表示对主人的感谢

B. 不拿酒杯,也不喝酒

C. 不喝酒,因为你不喜欢这种酒

D. 感到尴尬不安,因为觉得自己不该受到这种待遇

7. 进行商务正式宴请时,首先考虑的是(　　)。

A. 座次　　B. 菜肴　　C. 餐费　　D. 时间

判断题

8. 一般敲门以三声最为礼貌。(　　)

9. 在中餐宴会上,取不到菜时可站起来取。(　　)

10. 商务便宴首先要考虑的是客人忌讳吃什么。(　　)

参考文献

[1]金正昆．服务礼仪[M]．西安:陕西师范大学出版社,2012 年．
[2]张志．汽车服务礼仪[M]．上海:上海交通大学出版社,2012 年．
[3]韩杰,胡四莲．汽车商务礼仪[M]．北京:机械工业出版社,2020 年．
[4]何璇,钱志芳．现代商务礼仪[M]．北京:科学出版社,2012 年．
[5]罗静．汽车商务礼仪与销售技巧[M]．北京:机械工业出版社,2019 年．
[6]耿禧则,喻继征,陈春晓．商务礼仪[M]．成都:西南交通大学出版社,2017 年．
[7]吴晓萍,高皖秋．商务礼仪[M]．北京:北京交通大学出版社,2018 年．
[8]姚虹华,郝建萍．服务礼仪(第六版)[M]．北京:科学出版社,2016 年．
[9]纪亚飞．服务礼仪标准培训[M]．北京:中国纺织出版社,2012 年．
[10]石虹,胡伟.汽车营销礼仪[M]．北京:北京理工大学出版社,2011 年．